GUIDE DES MÉDIAS SOCIAUX POUR LE MINISTÈRE ET L'ÉVANGÉLISATION GLOBALE

ABIOLA FASHINA ESQ

GUIDE DES MÉDIAS SOCIAUX POUR LE

MINISTÈRE

ET L'ÉVANGÉLISATION GLOBALE

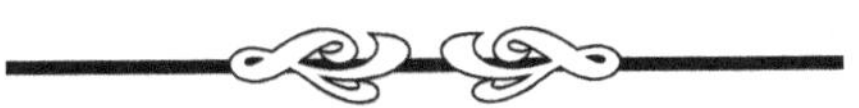

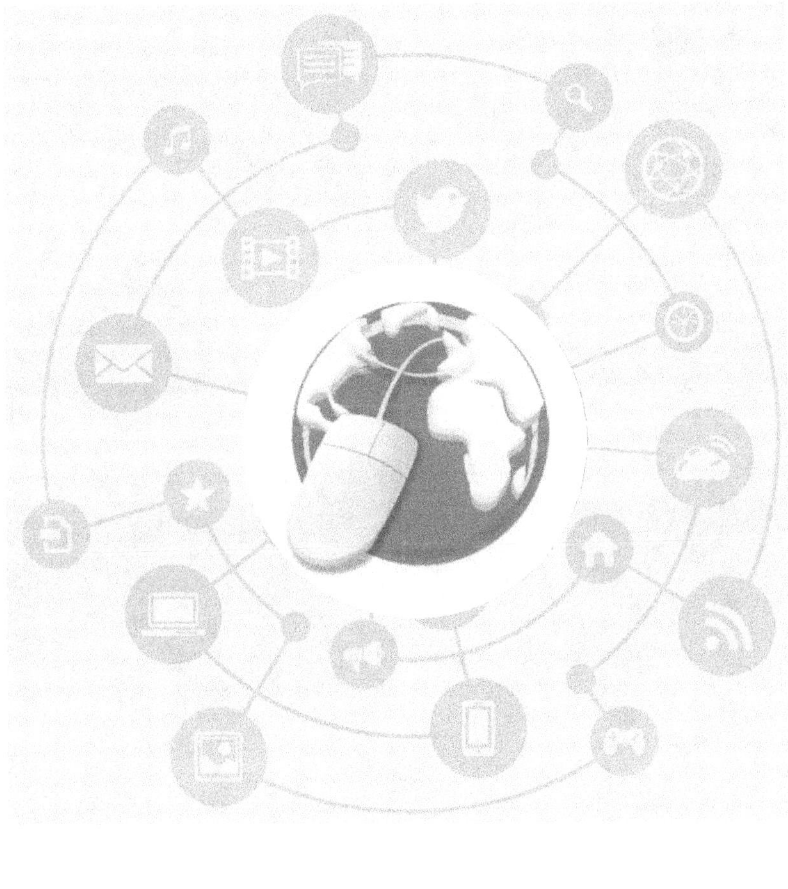

Guide des Médias Sociaux Pour le Ministère et L'évangélisation Globale
Droits d'auteur 2019 Abiola Fashina **www.abiolafashina.com**
ISBN: 978-978-308-592-3

Sauf indication contraire, toutes les citations des Écritures de ce livre sont extraites de la Bible - La Version du roi Jacques.

Traductions de livres
Ce livre est disponible en langues Anglaise, Française et Espagnole

Titre du livre en anglaise
SOCIAL MEDIA GUIDE FOR MINISTRY AND GLOBAL EVANGELISM

Titre du livre en français
GUIDE DES MÉDIAS SOCIAUX POUR LE MINISTÈRE ET L'ÉVANGÉLISATION GLOBALE

La traduction de ce livre en langue française a été rendue possible par une équipe de traducteurs dirigée par **le pasteur Morena Rhema-X** - Lomé (Togo, Afrique de l'Ouest)

<u>Titre du livre espagnol</u>
GUIA DE MEDIOS SOCIALES PARA EL MINISTERIO Y EL EVANGELISMO GLOBAL

La traduction de ce livre en langue espagnole a été rendue possible par une équipe de traducteurs dirigée par **le docteur Stanley Jean et le pasteur Yessica Jean** (Atlanta GA USA).

Éditeur
Publié à Atlanta GA USA par le département de publication de MyFaithTVNetwork International Inc. MyFaithTVNetwork International Inc. produit et publie des livres et des magazines imprimés, ainsi que des livres électroniques et des magazines électroniques, et fournit des services de conseil en marketing et publicité aux auteurs, entreprises et organisations à but non lucratif.

Correspondance
Toute correspondance et demande de renseignements doivent être adressées à:
MyFaithTVNetwork International Inc
Département de publication
2860 Voie de livre d'histoire, Grayson GA 30017
Site web: www.myfaithtvnetwork.com
Email: info@myfaithtvnetwork.com
myfaithtvn@yahoo.con
Tél: 678 886 5117, 678 667 1550

À PROPOS DU LIVRE

Le guide des médias sociaux pour le ministère et l'évangélisation globale, est un livre pour Pasteurs, leaders, membres d'équipe de médias et toute personne qui désirent apprendre sur comment utiliser effectivement les médias sociaux pour le ministère et l'évangélisation mondiale.

En utilisant des références bibliques, le livre montre pourquoi les médias sociaux sont des outils de communications dynamiques que l'Église doit utiliser pour aborder le monde et accomplir son mandat globale en répensant l'évangile jusqu'aux extrémités de la terre.

Pour ceux qui l'utilisent pour la première fois, le livre partage des points (des conseils), sur certaines plateformes de médias sociaux clefs, comment ouvrir de compte sur elles, utilisés et les gérer effectivement.

Pour les utilisateurs avisés, le livre montre des conseils sur comment aborder avec ceux qui les suivent et faire croître leur mouvement sur ces plateformes de médias sociaux et atteindre différentes parties du monde.

L' Évangile est imtemporel et immuable, mais les méthodes de sa transmissions évoluent constamment et les stratégies de transmissions pour chaque génération sont différentes.

L' Église doit apprendre à livrer le Évangile aux gens de cette génération en les abordant de la manière dont ils comprennent et par les moyens qu'ils utilisent actuellement.

L'UTILISATION DES MÉDIAS SOCIAUX POUR LE MINISTÈRE ET ÉVANGÉLISATION GLOBALE

"L'Évangile est intemporel et immuable, mais les méthodes de livraison évoluent constamment et la stratégie de livraison pour chaque génération de l'Évangile est différente.

L'Église (comme les fils d'Issachar) devrait commencer à comprendre que la stratégie à adopter pour cette fin d'année est de comprendre et d'utiliser efficacement les technologies les plus récentes et les médias sociaux pour se rendre où les gens se rassemblent.

Pour être en mesure de propager efficacement l'Évangile "jusqu'aux extrémités de la terre", l'Église doit apprendre à transmettre l'Évangile aux gens de cette génération et à les engager de la manière qu'ils comprennent et par le biais des médiums qu'ils utilisent actuellement. "

Les médias sociaux sont la stratégie du 21ème siècle pour le ministère de l'église et l'évangélisation globale

Changement de paradigme
Il est temps de changer les mentalités et les méthodes de prédication de l'Évangile ... un changement de paradigme dans la livraison

*"Voici que je vais faire une chose nouvelle:
maintenant il jaillit, vous ne le saurez pas "*
Esaïe 43: 19a

DÉVOUEMENT

Ce livre est dédié à tous les ouvriers de la vigne du monde entier qui s'acquittent du mandat mondial de prêcher la bonne nouvelle de notre Seigneur Jésus-Christ au monde.

Matthieu 28:19

«Allez donc, enseignez toutes les nations, baptisez-les au nom du père, du fils et du Saint-Esprit»

Marc 16:15

«Allez dans le monde entier et prêchez l'Évangile à toutes les créatures»

Actes 1: 8

"Mais vous recevrez une puissance, après que le Saint-Esprit soit sur vous; et vous serez des témoins pour moi aussi bien à Jérusalem que dans toute la Judée, à Samarie et dans toute la partie de la terre"

TABLE DES MATIÈRES - A
Titres de chapitre seulement

ACKNOWLEDGEMENTS

Je suis éternellement reconnaissant à Dieu, notre Seigneur Jésus-Christ et au Saint-Esprit, du mandat, de la sagesse et du don de la vie nécessaires pour écrire ce livre.

Le 1er juin 2018 aurait dû être le jour de ma mort et, alors que je me trouvais dans l'unité de soins intensifs, parlant avec mon cœur à Dieu, c'était la fin de mon affectation sur terre et j'ai entendu le ferme mot «NON».
"Vous sortirez et, quand vous irez, notez tout ce que vous avez étudié, recherché et appris au fil des ans, ouvrez la bouche, parlez et enseignez aux autres comment ils peuvent faire passer mon message plus rapidement et toucher plus de gens qu'auparavant.
Je viens bientôt .Maranatha!

"Ma réponse dans mon coeur a été:
"Seigneur, si tu me laisses vivre, je ferai ce que tu diras et je vivrai comme s'il n'y avait pas de lendemain!"
Et j'ai ouvert la bouche et j'ai commencé à crier et à parler en langues pendant des heures.
En moins de 48 heures, j'ai été libéré de l'USI et sorti de l'hôpital.

Je remercie Dieu pour les 2 directeurs avec lesquels Dieu m'a béni pour cette vie.
Mon fils premier-né, **Mofetoluwa**- (je veux la volonté de Dieu dans ma vie - je l'appelle "fils millionnaire") qui s'est tenu à mes côtés, est toujours à mes côtés et fait tout pour que je fasse la volonté de Dieu dans ma vie. ... juste comme son nom signifie.
Un merci spécial à mon deuxième fils - **Temiloluwa** (Dieu est à

moi - je l'appelle "directeur de maman") qui cuisine toujours pour moi, est attentif à ma santé, dort, mange, fait de l'exercice et se repose et qui reste parfois seul à la maison Pendant des semaines, chaque fois que je dois me rendre à des conférences locales ou internationales pour enseigner et former les pasteurs et les dirigeants aux principes de ce livre.

Je ne peux pas oublier de mentionner mes partenaires de prière et mes amis qui ont consacré du temps, de l'argent, de la nourriture et des mots d'encouragement et de soutien pour publier ce livre. **La ministre Yemisi Dunmoye, le Dr Olubusola Olufemi, l'apôtre Ezinne Ijeoma, Del Mcpherson-Stewart, Mme Bella Ekpenyong-Seard et Sis Davina Mchungula**
Seul Dieu peut vous récompenser dans l'éternité pour votre travail d'amour.

Je ne mourrai pas, mais je vivrai et annoncerai les œuvres du Seigneur - **Ps 118: 17**

LES HOMMES ET LES FEMMES DE DIEU:

Je dois mentionner de manière très significative la contribution de nombreux hommes et femmes de Dieu qui, ces 5 dernières années, m'ont soutenue dans ce que nous appelons la "mission GO GLOBAL" - être plantés localement et se répandre dans le monde entier ".

Des hommes et des femmes de Dieu qui ont soutenu la vision, abandonné leurs chaires et leurs églises, passé des appels et mis en place des liens, envoyé de l'argent et prié avec ferveur pour le succès des missions alors que j'enseignais comment utiliser les médias sociaux pour le ministère et la mondialisation. évangélisation lors de conférences et de réunions avec des pasteurs et des dirigeants.

Ils sont vraiment trop nombreux pour être mentionnés, mais parmi eux se distinguent les suivants:

Archevêque Ken McNatt

Mgr Chukwudi Ezeobele
Mgr Frank Ofosu-Appiah
Mgr Olusola Ore
Mgr Leonard Kawas
Mgr Joshua Nissi
Mgr Theophilus Ajose

Apôtre James Ebhota
Apôtre Emmanuel Danchimah
Apôtre Paul Adenuga
Apôtre Tari Gold Okpurukre
Apôtre Elishamah Ideh
Apôtre Patrick Utulu

Pasteur Paul Adefarasin
Pasteur Sam Oye
Pasteur Chuzzy Udenwa
Pasteur Dayo Olutayo
Pasteur Esosa Ize-Iyamu
Pasteur Chris Oahre
Pasteur Goodheart Ekwueme
Pasteur David Ogbueli
Pasteur Chris Okotie
Pasteur Elisha Oloruntoba
Pasteur Olumide Emmanuel
Pasteur Joseph Takon
Pasteur Benny Momoh

Archevêque Eberechukwu

Mgr Wale Adekoya
Mgr Bob Alonge
Mgr Wayne Babb
Mgr Henry Adekogbe
Mgr eorge Oratio- Larbie
Mgr Peter Abuya

Apôtre Anselm Madubuko
Apôtre Alex Bamgbola
Apôtre Israel Olorunmaiye
Apôtre Victor Uchegbulam
Apôtre Bala Abraham

Pasteur Dele Oluwagbemiro
Pasteur Opi Agha
Pasteur Adetunji Akintola
Pasteur Bolu Olutayo
Pasteur Anthony Okoh
Pasteur Seyi Macauley
Pasteur Tope Ade
Pasteur Olusegun Alalade
Pasteur Godwin Abba
Pasteur Olugbenga Ademilokun
Pasteur Richard Bolaji
Pasteur Mike Adebiyi
Pasteur Benjamin Berkley

Evangéliste de l'aumônier Taiwo Balogun
Evangéliste Fiona Danmisa

Merci à tous de faire partie du mandat du Royaume -
"GO YE"
GO GLOBAL -

"Soyez plantés localement et répandez-vous dans le monde
entier"

CHAPITRE 1

COMMENT UTILISER CE LIVRE

Merci d'avoir ramassé un exemplaire de ce livre. Cela vous ouvrira les yeux sur un autre niveau de ministère et d'évangélisation globale si vous n'avez pas encore commencé à utiliser les médias sociaux pour le ministère.

Et si vous avez déjà commencé à utiliser les médias sociaux pour le ministère et l'évangélisation mondiale, j'espère que ce livre vous donnera quelques conseils supplémentaires et vous aidera également à faire plus et à former d'autres personnes, ministres et membres de votre église, pour qu'ils vous soutiennent davantage. vous dans votre ministère et votre équipe de médias.

J'ai écrit ce livre à l'intention de pasteurs, de responsables d'églises et de membres de leur équipe médiatique, ainsi que de toute personne intéressée par l'utilisation des médias sociaux pour le ministère et l'évangélisation mondiale pour les raisons suivantes:

1. Exposer le pouvoir des médias sociaux d'amplifier le mandat du royaume de Dieu pour répandre l'Évangile aux extrémités de la terre **(Actes 1: 8)**

2. Montrer comment vous pouvez configurer et gérer facilement et simplement différentes plates-formes de médias sociaux pour engager les gens, les membres de votre église, ainsi que pour créer un contenu intéressant afin de les inciter à revenir sur vos plates-formes de médias sociaux.

3. Décrire comment vous pouvez développer efficacement votre ministère ou votre église, votre

clientèle, et faire en sorte que vos sermons et vos messages soient entendus dans des endroits proches et éloignés, de votre région à différents pays du monde.

Je l'ai rendu aussi simple que possible pour que vous puissiez le lire facilement. Chaque chapitre couvre un aspect différent de sorte que vous puissiez aller au chapitre sur lequel vous souhaitez en apprendre davantage sur le sujet sans lire les autres chapitres.

Ce livre fournit des solutions simples pour créer et gérer efficacement vos plates-formes de médias sociaux pour votre église ou votre ministère, de sorte que vous en tant que ministre et que votre église en tant que ministère puissiez utiliser efficacement vos plates-formes de médias sociaux pour:

a. mieux engager vos suiveurs / membres et ainsi les renforcer et les équiper

b. répondre à plus de questions et répondre aux besoins des nouveaux téléspectateurs

c. présentez mieux votre ministère ou votre église au monde pour attirer de nouveaux adeptes qui deviendront plus tard membres de votre église, ré.

d. Répandez l'évangile plus loin dans des endroits que vous ne pourrez peut-être pas facilement atteindre physiquement et surtout.

e. pouvoir gagner plus d'âmes pour le royaume de Dieu.

Donc, si vous êtes prêt, allons directement dans ce livre.

Abiola Fashina Esq

# CHAPTER 2

L'ÉGLISE ET LES MÉDIAS SOCIAUX

1. Les médias sociaux sont la stratégie du 21ème siècle pour l'église

2. L'église a un mandat global

3. Dieu est un Dieu du peuple

4. Jésus est toujours allé là où étaient les gens

5. Les gens sont sur les médias sociaux

L'évangile est intemporel et immuable, mais les méthodes de livraison évoluent constamment et la stratégie de livraison pour chaque génération de l'évangile est différente.

Pour être efficace, l'église doit adopter la stratégie de cette nouvelle ère technologique du XXIe siècle et se rendre là où les gens sont rassemblés et leur donner l'évangile de la manière et par le biais des médiums qu'ils utilisent.

Les plateformes de médias sociaux sont le nouveau progrès technologique du XXIe siècle, utilisé quotidiennement par des millions de personnes dans le monde. Les ministres et les églises doivent prendre le temps de comprendre comment les utiliser, les accepter et les utiliser pour annoncer l'Évangile.

Dans les quelques chapitres suivants, nous en apprendrons un peu plus sur l'histoire et le pouvoir de certaines plates-formes de médias sociaux.

Tout comme le salut est gratuit pour quiconque désire être sauvé (Romains 10:13), de nombreuses plates-formes de média social avec un trafic quotidien élevé sont libres de rejoindre n'importe qui qui désire profiter de l'occasion pour toucher un grand nombre de personnes de cultures différentes. , vivant dans différentes régions du monde

Le problème (ce que je dis est "une erreur" - Ecclésiaste 10: 5) est que la plupart des ministres et des églises n'ont pas encore adopté l'utilisation des plates-formes de médias sociaux, car ils n'ont pas encore pleinement compris la portée et le pouvoir de ces plates-formes.

Tous les jours, de nombreux ministres, responsables et églises continuent de prier la prière de Jabez:

«Oh! Tu me bénirais vraiment et élargirais ma côte...» (1 Chroniques 4:10).

Pourtant, les plates-formes de médias sociaux sur lesquelles ils peuvent compter leur côte EST DÉJÀ DISPONIBLE, leurs prières ont déjà été exaucées MÊME AVANT QU'ELLES SOIENT FAITES DE LA PRIÈRE... mais ils ne le savent pas!

C'est la raison principale pour laquelle j'ai écrit ce livre. pour éclairer les individus, les ministres, les pasteurs et les dirigeants et l'église sur le fait que la stratégie pour atteindre plus de personnes dans plus de nations (avec la bonne nouvelle de Jésus-Christ) en ce 21ème siècle consiste à apprendre à utiliser efficacement les plateformes de médias sociaux pour le ministère et pour l'évangélisation globale.

2. L'église a un mandat global

Avant de quitter la terre, notre Seigneur Jésus-Christ nous a confié la grande mission.

«Allez donc, enseignez toutes les nations, baptisez-les au nom du père, du fils et du Saint-Esprit» **Matthieu 28:19**

"Allez dans le monde entier, et prêchez l'Évangile à toute créature" **Marc 16:15**

«Mais vous recevrez une puissance, alors que le Saint-Esprit sera venu sur vous; vous serez des témoins pour moi aussi bien à Jérusalem que dans toute la Judée, à Samarie et dans les régions les plus extrêmes de la terre» **Actes 1: 8.**

L'église a le mandat mondial de prêcher la bonne nouvelle de l'évangile au monde entier. Cet outil / support puissant appelé Médias sociaux est une excellente ressource pour l'église. Ces plates-formes aideront l'église à s'acquitter de son mandat et à faire entendre la voix de Dieu par le biais des cordes vocales des ministres, des pasteurs et des dirigeants, ainsi que de leurs sermons et messages devant potentiellement des millions de personnes dans le monde.Comme nous apprendrons des différents chapitres consacrés aux quelques plateformes que nous examinons dans ce livre, nous verrons les statistiques de la portée de chacune d'elles. Chaque jour, chacune de ces plates-formes continue d'attirer de nouveaux utilisateurs, chaque plate-forme étant utilisée du monde entier et leur portée ne cessant de croître.

Beaucoup de nos ministres et pasteurs et sont toujours satisfaits de prêcher leurs sermons dans les murs de l'église à leurs paroissiens réguliers et n'ont pas encore embrassé le royaume mentalement pour aller au-delà des murs de leurs bâtiments d'église.

Ils n'ont pas encore compris qu'ils pouvaient affecter la vie de beaucoup plus de personnes par milliers et par millions avec la plateforme de médias sociaux.

Ils peuvent être plantés localement dans leur pays d'origine et diffusés à l'échelle mondiale dans d'autres pays à l'aide de plates-formes de médias sociaux.

> *Mais vous recevrez de la puissance lorsque le Saint-Esprit viendra sur vous. et vous serez mes témoins à Jérusalem, dans toute la Judée-Samarie et jusqu'aux extrémités de la terre. "***Actes 1: 8***

Sans faire plus d'efforts que d'apprendre à utiliser efficacement certaines plateformes de médias sociaux, ils peuvent amplifier le même message qu'ils prêchent dans leurs églises, leurs réunions de camps ou leurs conventions et toucher différents pays pour influer sur la vie de dizaines de milliers, voire de millions d'autres ET tout cela. sans frais ni dépenses supplémentaires.

> *Comment alors feront-ils appel à celui en qui ils n'ont pas cru? Et comment   croiront-ils en celui qu'ils n'ont pas entendu? Et comment entendront-ils sans prédicateur?* **Romains 10:14**

Peu importe la taille du prédicateur ou la puissance de ses sermons ou de ses messages. Les gens ne peuvent pas croire son message s'ils ne l'ont pas entendu. Les gens ne peuvent pas entendre le message à moins que quelqu'un prêche le message et le leur livre là où ils se trouvent.

Les gens sont sur les plateformes de médias sociaux. En tant que ministre ou pasteur, votre ministère ou votre église, vos sermons, vos messages et vos livres doivent figurer sur les différentes plateformes de médias sociaux où se trouvent les

3. Dieu est un Dieu de peuple

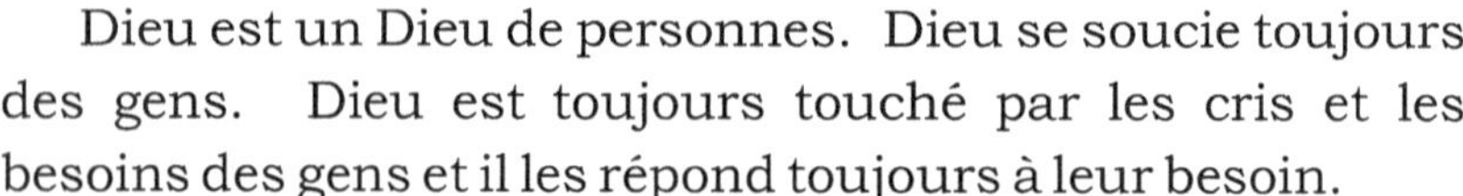

Dieu est un Dieu de personnes. Dieu se soucie toujours des gens. Dieu est toujours touché par les cris et les besoins des gens et il les répond toujours à leur besoin.

"Et le Seigneur dit: J'ai sûrement vu l'affliction de mon peuple qui est en Égypte, et j'ai entendu leur cri à cause de la tâche de leurs maîtres; car je connais leurs chagrins" **Exode 3: 7**

«Si tu les affliges de quelque façon que ce soit, et qu'ils crient absolument à moi, j'entendrai certainement leur cri» **Exode 22:23**

«Dans ma détresse, j'ai appelé le Seigneur et j'ai crié à mon Dieu. Et il a entendu ma voix sortir de son temple, et mon cri est entré dans ses oreilles» **2 Samuel 22: 7**

Les justes poussent un cri, et le Seigneur écoute et les délivre de toutes leurs peines » **Psaume 34:17**

«J'ai attendu patiemment le Seigneur; et il s'inclina devant moi et entendit mon cri» **Psaume 40: 1**

Chaque fois que les gens crient, Dieu répond et bouge.

Aujourd'hui, les gens réclament une solution à leurs problèmes quotidiens. Chaque jour, des dizaines et des milliers de personnes posent des questions sur les différents problèmes, situations et vicissitudes auxquelles elles sont confrontées dans la vie sur la barre de recherche de Google et ne trouvent pas de solutions pieuses à leurs problèmes.

Ils ne trouvent pas de solutions ou de remèdes temporaires qui ne résolvent pas leurs problèmes parce que l'église n'arrive pas à relever le défi d'apprendre à utiliser les médias sociaux pour traiter les différents problèmes auxquels les gens sont confrontés chaque jour et à la recherche de solutions.

L'église en tant que représentant de Dieu ici sur terre doit être sensible au cri des gens autour de nous qui cherchent de l'aide et des solutions. Nous devons utiliser différentes plates-formes de médias sociaux, télécharger nos sermons et nos vidéos et proposer des solutions pieuses, permanentes et éternelles que Jésus a apportées à tous les problèmes de la vie des gens.

4. Jésus est toujours allé là où étaient les gens

Jésus-Christ est venu au monde en tant qu'homme et en tant que fils unique de Dieu. Pendant qu'il était sur la terre, il se rendait aussi toujours où les gens étaient et éprouvait de la compassion pour eux.

Et la parole fut faite chair et vie parmi nous (et nous avons tenu sa gloire comme du fils unique du père) pleine de grâce et de vérité » **Jean 1:14**

"Dieu qui à plusieurs reprises et de diverses manières a parlé aux pères par les prophètes dans le passé" 2 "Est-ce que ces derniers jours nous ont parlé de son fils, qu'il a nommé héritier de toutes choses, par lequel il a aussi fait la mondes." **Hébreux 1: 1-2**

*"Et Jésus parcourut toutes les villes et tous les villages, enseignant dans leurs synagogues, prêchant l'évangile du royaume, guérissant toutes les maladies et toutes les maladies parmi le peuple" 36 ". Mais quand il vit la multitude, il fut ému de compassion eux, parce qu'ils se sont évanouis et ont été dispersés, comme des brebis sans berger »***Matthieu 9: 35-36; 35**

«Et il arriva que le peuple le pressant d'entendre la parole de Dieu, il se tint près du lac Gennesaret»
Luc 5: 1

"Et voyant les multitudes, il monta sur une montagne. Quand il fut installé, ses disciples vinrent à lui. 2-" Il ouvrit la bouche et leur enseigna, en disant:
"Matthieu 5: 1-2

Jésus est la tête et l'église est son corps. Tout comme Jésus a toujours fait de la priorité d'aller là où se trouvaient les gens, l'église devrait accepter le fait qu'une multitude de gens se rassemblent quotidiennement sur les plateformes de médias sociaux et nous devrions y aller aussi pour être où ils sont!

5. Les gens sont sur les médias sociaux

Alors, où sont les gens - "multitudes" - aujourd'hui?

La réponse à cette question est très simple. Les médias

sociaux sont l'un des endroits où vous pouvez trouver une foule de gens nombreux et nombreux. Tout ce que vous avez à faire est de consulter les statistiques des utilisateurs quotidiens et mensuels des différentes plateformes de médias sociaux.

Chaque jour, des dizaines de milliers de personnes cherchent des solutions aux différents problèmes qu'elles rencontrent. Les recherches les plus populaires sur les médias sociaux sont les recherches «Comment faire». C'est parce que les gens recherchent des informations sur tant de choses.

Beaucoup de fausses religions et de conseils avisés sont diffusés sur les médias sociaux. Les gens ont tellement faim et ont désespérément besoin de réponses qu'ils écouteront et suivront les conseils et les informations reçus, pensant que cela résoudrait leurs problèmes, car ils n'avaient pas d'autre alternative ou de solution aux problèmes dont ils étaient désespérément libérés.

Nous, corps du Christ, SAVONS que la SOURCE DE TOUS les problèmes de l'homme est le péché et que la solution au problème de l'homme est le salut par Jésus-Christ.

Votre ministère ou votre église ne devrait-elle pas mettre sur les médias sociaux vos sermons et vos messages proposant des solutions et donnant le message d'espoir à des millions de personnes en train de mourir?

QU'EST-CE QUE LES MÉDIAS SOCIAUX & POURQUOI EST-CE IMPORTANT POUR VOTRE MINISTÈRE?

1 **Qu'est-ce qu'un média social?**

2 **Pourquoi les médias sociaux sont-ils un outil efficace pour le ministère?**

3 **Raisons pour lesquelles VOUS, en tant que ministre, devez être sur les médias sociaux.**

4 **Pourquoi les médias sociaux sont-ils importants pour votre ministère?**

5 **Raisons pour lesquelles nous devons engager le monde avec les médias sociaux.**

Les médias sociaux sont un terme très large et sans entrer dans beaucoup de détails techniques. Je dirai simplement que les médias sociaux font référence à des sites Web et à des applicationsconçu pour permettre aux utilisateurs de partager du contenu rapidement, efficacement et en temps réel.

Les trois principales caractéristiques des médias sociaux qui les rendent uniques sont les suivantes:

1. Ce sont des outils de **communication basés sur le Web**

2. Ils permettent aux gens **d'interagir les uns avec les autres**

3. Ils permettent aux gens de **partager et de recevoir des informations**

La partie "sociale": fait référence à la façon dont les gens utilisent ces médias pour interagir avec d'autres personnes en partageant des informations avec eux et en recevant des informations de leur part.

La partie «médias»: fait référence au fait qu'il s'agit d'instruments de communication ou d'outils de communication. Alors que la télévision, la radio et les journaux sont des exemples de formes plus traditionnelles de médias, les médias sociaux sont basés sur le Web et constituent la dernière forme de médias.

Je dis aussi toujours que, d'après ce que j'ai observé, il y a 3 choses principales que nous faisons sur les médias sociaux:

1. **Racontez des histoires** pour capter l'intérêt des lecteurs (tout comme Jésus a dit des paraboles)

2. **Nous engageons les lecteurs** et les incitons à revenir en affichant du contenu pertinent

3. **Nous établissons des relations** avec les lecteurs et avons un impact sur leurs vies avec nos messages.

Dieu est très grand sur la relation.

La principale raison pour laquelle il (Dieu) a créé l'homme était d'avoir une communion avec lui. Dans le livre de la Genèse, la Bible raconte que Dieu avait l'habitude de venir à Adam dans la fraîcheur du soir pour avoir communion avec lui.

Aujourd'hui, Dieu aspire toujours à avoir une communication quotidienne, constante et en temps réel et à maintenir une relation constante avec nous.

Les médias sociaux, en tant qu'outil de ministère, nous aident à raconter des histoires sur Dieu à d'autres, nous aident à maintenir notre relation avec les autres, nous permettent de les impliquer dans différents aspects de Dieu pour les empêcher de revenir.

Cela nous aide à les encourager constamment à continuer à construire et à maintenir quotidiennement leur relation avec Dieu.

2. LES MÉDIAS SOCIAUX, UN OUTIL EFFICACE POUR L MINISTÈRE

Les médias sociaux, s'ils sont utilisés correctement, peuvent être un outil très efficace pour le ministère.

a. Développer le discipulat

Les médias sociaux peuvent être utilisés pour

développer le discipulat. Disciple nécessite plus d'interaction qu'un contact hebdomadaire avec le service le dimanche. Nous ne pouvons pas nous attendre à ce qu'un service d'une heure le dimanche de chaque semaine réponde aux besoins spirituels des gens et leur permette de grandir en tant que disciples pour le reste de la semaine. Il y a plus de 167 heures de plus dans une semaine!

Pour faire des disciples comme Jésus l'a ordonné pour la grande commission, nous devons pouvoir participer à la vie des gens au-delà du service hebdomadaire et des événements spéciaux. Les médias sociaux nous fournissent cette plate-forme pour encourager les personnes de confiance à rester à la maison ou au travail ou à faire autre chose pendant la semaine.

b. Rappeler et renforcer la parole de Dieu

Nous pouvons non seulement former un disciple et encourager ceux de notre église ou de notre ministère, mais nous pouvons également continuer sur le thème de ce qui est prêché pendant le service hebdomadaire.

Les médias sociaux constituent une excellente plate-forme pour rappeler les gens, mais aussi pour renforcer les points clés que vous avez soulevés dans votre sermon du dimanche et donner des exemples sur la manière dont ils peuvent être appliqués dans la vie réelle au cours de la semaine.

Vous pouvez utiliser les points clés de vos notes de sermon dans les publications sur les médias sociaux au cours de la semaine. Si vous avez des personnes qui vous aident avec votre message sur votre page de profil personnelle ou sur les pages de l'église ou du ministère, vous pouvez leur donner vos notes avec lesquelles publier.

c. Pour aller au-delà des murs de votre église

Lorsque vous êtes sur les médias sociaux, vous avez différentes plates-formes sur lesquelles vous pouvez augmenter votre sphère d'influence tout en vous permettant de vous déplacer au-delà des murs de votre église.

Vous pouvez promouvoir ce que vous faites dans votre église ou dans votre ministère et partager comment Dieu bouge parmi vous.

Vous pouvez également utiliser les plates-formes pour atteindre les personnes qui vivent à des kilomètres de votre église dans votre ville, ainsi que pour engager les communautés environnantes à un coût minime, voire nul.

d. Toucher des vies au quotidien

Lorsque vous êtes sur les médias sociaux, vous pouvez maintenant toucher la vie des gens au quotidien. La portée de votre ministère ira au-delà des contacts avec vos disciples uniquement lorsque vous assisterez à des services ou à des réunions hebdomadaires.

Vous pourrez écrire des articles sur vos sermons et sur les événements à venir. Vous devriez également être en mesure de prendre le temps de publier un contenu intéressant et attrayant qui élèvera l'esprit des lecteurs et les aidera également à marcher avec Dieu.

e. Pour nous inciter à faire de plus grands travaux

Les médias sociaux peuvent vous inciter à faire de plus grands travaux lorsque vous voyez ce que d'autres ministres ou églises font en lisant leurs articles et leurs pages.

Prenez le temps de regarder ce que d'autres ministres ou

églises font en ligne et qui travaille pour eux. Vous n'avez pas besoin de réinventer la roue. Lorsque vous voyez quelle stratégie de média social un autre ministre ou une autre église utilise qui leur donne un impact plus important et un plus grand nombre d'adeptes, vous pouvez également adopter une telle stratégie afin de pouvoir également faire de plus grands travaux pour le Seigneur.

3. Raisons pour lesquelles VOUS, en tant que ministre, devez être sur les médias sociaux

Les médias sociaux sont là pour rester. Ce n'est pas une mode passagère qui va bientôt disparaître. Chaque jour, de plus en plus de personnes vont en ligne et entament des conversations et des engagements en ligne. Il est donc important pour vous, en tant que pasteur ou ministre, de vous impliquer et de vous familiariser avec l'utilisation des médias sociaux pour le ministère.

Voici quelques raisons pour lesquelles vous, pasteur/pasteur, devez être sur les réseaux sociaux

a. Connexion au peuple:

Si vous n'êtes pas sur les médias sociaux et que votre assemblée ou vos adeptes ne peuvent pas vous voir là-bas, l'impression que vous allez créer est que vous êtes «vieille école». Vous serez perçu comme étant dans vos habitudes et il vous sera difficile de bouger avec le temps. .

En ne vous connectant pas aux médias sociaux, vous vous créez une image de vous-même, déconnectée des gens et de ce que vivent les gens, car vous ne vous déplacez pas avec le temps et les méthodes de communication actuelles.

La conclusion silencieuse que les gens vont faire de vous, c'est que vous ne serez pas en mesure de comprendre les problèmes que vivent les gens et que vous n'êtes peut-être pas assez au courant pour les paster ou leur donner des conseils appropriés au besoin.

b. Communication personnelle:

Bien qu'il soit considéré comme une formalité de prendre rendez-vous avec le pasteur, envoyer un message sur un média social à un pasteur ou à un ministre est considéré comme ayant pu avoir une communication personnelle avec vous.

Une fois sur les médias sociaux, votre congrégation et vos adeptes se sentiront plus libres de communiquer avec vous. Ils se connecteront avec vous plus librement et fréquemment

c. Mieux comprendre votre peuple:

Lorsque vous vous engagez dans les médias sociaux, vous obtenez un aperçu de la vie des gens lorsque vous lisez, écoutez et regardez ce qu'ils écrivent et parlent. Vous n'êtes plus isolé des personnes que vous essayez de diriger. Vous devenez un meilleur leader, vous comprenez mieux ce que vous vivez et pouvez mieux les conseiller.

Certaines choses qu'ils ne vous diront pas en tant que pasteur ou ministre, mais ils l'afficheront sur leurs plateformes de médias sociaux. Et quand ils auront des difficultés, ils vous demanderont de l'aide et des conseils et ne vous diront peut-être même pas encore de cette partie de leur vie, même si elle est déjà ouverte au monde entier sur les réseaux sociaux.

d. Publication de contenu édifiant:

Lorsque vous êtes sur les médias sociaux, vous pouvez publier du contenu édifiant pour vos abonnés. Vous pouvez également indiquer à vos abonnés d'autres contenus qui changent la vie et sont postés par d'autres.

En tant que pasteur ou ministre, vous devriez considérer les médias sociaux comme un outil important à utiliser pour répondre aux exigences de votre appel, car vous pouvez vous en servir pour équiper les gens. C'est ce que seul leur berger peut faire pour eux. Vous ne pouvez pas laisser les gens suivre Jésus sur les médias sociaux aux autres à faire pour vous.

Si vous êtes absent sur les médias sociaux, il vous manquera une partie vitale de votre appel et l'occasion unique que les médias sociaux vous offrent pour édifier votre communauté spirituellement.

e. Livraison à la pointe de l'évangile:

Les médias sociaux sont le moyen le plus efficace et le plus actuel pour toucher des milliers de personnes en même temps. C'est une méthode de pointe pour la diffusion de l'Évangile. Ce n'est pas une mode passagère qui va disparaître de sitôt, ni un outil amusant pour que les gens se connectent uniquement avec des amis. Il est devenu un canal de communication vital au quotidien.

Si vous refusez d'utiliser les médias sociaux, vous serez de plus en plus laissé pour compte par les tendances de la société. Vous perdrez votre sphère d'influence et ne pourrez plus transmettre votre message à cette génération qui est habituée à la technologie de pointe et à la diffusion avancée de l'Évangile.

L'esprit de Dieu est toujours le même mais les méthodes de livraison de ce qu'il a en tête ont changé. Vous devez subir le changement de paradigme et commencer à livrer son esprit aux gens avec les nouvelles méthodes.

4. POURQUOI LES MÉDIAS SOCIAUX SONT-ILS IMPORTANTS POUR VOTRE MINISTÈRE?

a. Recherches générales

Les statistiques montrent que Google traite au moins 40 000 requêtes de recherche par seconde et plus de 3,5 milliards de recherches par jour. Les gens se renseignent en ligne et cherchent quotidiennement des réponses à leurs questions. Nous devons également être en ligne pour apporter des solutions à Dieu concernant les questions et les demandes de renseignements.

b. Réseaux sociaux de l'Église

Si aujourd'hui vous lancez une recherche sur Google avec l'expression "médias sociaux de l'église", vous obtiendrez plus de 200 millions de résultats. Cela montre que les médias sociaux sont très importants pour les églises et qu'à ce jour, beaucoup d'églises et de ministères s'y engagent déjà en raison des effets positifs qu'ils ont sur leurs églises et leurs ministères.

c. Millennials - Generation Y:

La génération du millénaire (également appelée génération Y) sont des enfants nés entre **1980 et 2000.** Certaines des caractéristiques liées à cette génération sont les suivantes:

a. Ils sont la génération la plus culturellement diversifiée et éduquée

b. Ils font des achats principalement sur recommandation d'amis

c. Ils sont moins affiliés à des confessions religieuses formelles

d. Ils ont tendance à se marier et à former des familles plus tard dans la vie

e. Ils sont détachés des institutions et réseautent avec des amis

f. Ils vivent plus longtemps à la maison avec leurs parents

g. Ils recherchent la flexibilité sur le lieu de travail et un bon équilibre travail / vie privée

h. Ils croient en grande partie ce que dit Internet

Il est très important que vous, en tant que ministre de Dieu, soyez sur les médias sociaux pour pouvoir vous connecter à cette génération de jeunes.

Ils sont sur les médias sociaux tout le temps. Ils croient davantage aux contenus publiés sur les réseaux sociaux qu'aux déclarations de leurs parents ou d'autres formes d'informations.

5. RAISONS POUR LESQUELLES NOUS DEVONS ENGAGER LE MONDE VIA LES MÉDIAS SOCIAUX

En tant qu'Église et ministres de l'Évangile, nous devons engager le monde avec les médias sociaux. Voici quelques raisons pour lesquelles il est important que nous nous impliquions dans les médias sociaux et que nous en engagions des millions avec les bonnes nouvelles.

a. Jésus est la réponse:

Chaque personne a tellement de questions sur la vie qu'elle n'a pas de réponse à laquelle elle cherche. Le monde

cherche Jésus parce que Jésus est la réponse. Le monde a besoin de Jésus.

Jésus est la réponse à toutes les questions et aux demandes de renseignements qu'ils font lors de leurs recherches en ligne pour trouver des solutions à leurs problèmes. Nous devons engager le monde sur les médias sociaux car le monde a besoin de Jésus.

La génération Y de la génération Y, la génération Y a le plus besoin de Jésus, car ce sont les personnes mêmes que nous voulons atteindre avec l'évangile. Ils sont impliqués dans les médias sociaux. Ils sont sur Instagram et YouTube. Ils tweetent. Ils sont Facebooking. Ils sont Instagraming. En tant qu'église, nous devons les contacter sur ces plateformes et les engager activement dans l'espoir qui est en nous.

Je devins faible pour les faibles, afin de gagner ceux qui étaient faibles: je suis fait tout pour tous, afin de pouvoir, par tous les moyens, sauver quelques-uns.
1 Cor. 9h22

Paul a essayé de trouver un terrain d'entente avec tout le monde, faisant tout ce qui était en son pouvoir pour trouver le moyen de sauver certaines personnes. Les médias sociaux sont un terrain d'entente aujourd'hui pour des millions de personnes.

Comme Jésus, nous devons avoir de la compassion pour les personnes qui sont perdues et chercher un moyen de sortir des problèmes et des problèmes de la vie. Nos cœurs doivent briser le cœur des millions de personnes qui ne connaissent pas encore Jésus et que nous serons disposés à leur donner l'évangile en utilisant les méthodes et les médiums avec lesquels ils sont déjà familiers. Nous ne pouvons pas attendre d'eux qu'ils viennent à nous. Nous devons aller à eux.

b. Mandat global de l'église

L'église a un mandat global. Dieu est sérieux en ce que

nous allons dans toutes les parties de la planète avec la Bonne Nouvelle. La Grande Commission que Jésus nous a donnée pour **«aller dans le monde entier et faire des disciples de toutes les nations»** ne peut pas se produire sans nous impliquer dans la tendance actuelle en matière de communication dans le monde.

Les médias sociaux atteignent des centaines de pays à travers le monde. Nous pouvons donc être présents dans nos régions, sur les médias sociaux, diffuser l'évangile et avoir un impact dans différents pays, à des milliers de kilomètres à travers le monde.

Alors que les médias sociaux n'ont pas encore touché beaucoup de gens dans le monde et peuvent ne pas être en mesure de nous aider à atteindre tous les groupes de personnes restants dans le monde (en raison du fait que beaucoup n'ont pas accès à l'électricité et beaucoup n'ont pas accès Internet), mais le monde en ligne nous offre la possibilité de répandre l'évangile dans une partie de plus en plus vaste de la population mondiale.

c. Les gens cherchent la communication

Chaque jour, des millions de personnes utilisent les médias sociaux pour partager des informations et recevoir des informations sur de nouveaux événements ou de vieux sujets et questions. Ils parlent de différents problèmes tels que la politique, l'économie, la science, la médecine, le sport, la technologie, la religion et d'autres problèmes qui affectent leur vie.

Les gens dialogueront en ligne et discuteront, que l'église en fasse partie ou non. Si nous devons engager le monde dans une conversation sur Jésus, nous devons communiquer avec eux sur les médias sociaux.

d. Glorifier Dieu sur les médias sociaux

Nous, le corps de Christ, sommes des représentants de Dieu ici sur terre. Dans chaque espace où les gens parlent, nous devons être là pour le représenter afin que la gloire de Dieu soit évidente. Sa lumière doit briller dans les coins les

plus sombres de la terre.

En tant que chrétiens, il est de notre devoir de remplir

LES CRAINTES DES ÉGLISES À PROPOS DES MÉDIAS SOCIAUX

1 CONSOMMATION DE TEMPS ET DISTRACTION

2 TROP D'INFORMATIONS

3 TROP DE CONTENU MONDAIN

4 PORNOGRAPHIE ET CONTENU SEXUELLEMENT EXPLICITE

5 FAUX COMPTES ET SPAMMING

6 CYBER HARCÈLEMENT CRIMINEL

7 FAUSSE REPRÉSENTATION DE LA VIE

8 FAUSSES NOUVELLES

9 ABSENCE DE CONFIDENTIALITÉ/ SÉCURITÉ

10 LES MÉDIAS SOCIAUX APPARTIENNENT AU MONDE ET NON À DIEU

L'utilisation des médias sociaux par le corps du Christ est en augmentation pour le ministère et l'évangélisation globale, mais nous devons toujours nous attaquer à certains problèmes connus des médias sociaux qui ont provoqué la peur et ont dissuasif et ont provoqué le retrait du corps du Christ. d'embrasser les médias sociaux.

Certaines de ces craintes communes sont les suivantes:

1. CONSOMMATION DE TEMPS ET DISTRACTION 

De nombreux ministres se plaignent du fait que les médias sociaux leur prennent beaucoup de temps et les distraient de leurs activités habituelles de prière, de préparation de sermons et d'autres travaux du ministère.

Cela ne devrait pas être le cas. Vous devez apprendre à structurer votre temps et à constituer une équipe qui vous aidera à rédiger vos publications et à gérer vos plates-formes de médias sociaux. Il existe également des outils que vous pouvez utiliser pour vous aider à gérer vos plates-formes de médias sociaux. Nous en parlerons davantage dans un chapitre ultérieur sur la gestion de vos plates-formes de médias sociaux.

> *"Le voleur ne vient que pour voler, pour tuer et pour détruire; je suis venu pour qu'ils aient la vie et qu'ils l'aient plus abondamment."* **Jean 10:10**

Si vous consultez les médias sociaux en pensant qu'il y a des millions d'âmes qui périssent et que votre message peut atteindre certaines d'entre elles et les reconnecter avec Jésus et les ramener à la vie, vous serez motivé à toujours prévoir du temps pour créer du contenu et gérer vos plateformes de médias sociaux.

Les gens utilisent les médias sociaux pour dialoguer avec les autres. Ils partagent en ligne des informations sur tout. Certaines personnes ont l'impression qu'il y a trop d'informations sur les médias sociaux et ne savent pas par où commencer.

Chaque plate-forme sur les médias sociaux a des filtres. Vous pouvez toujours définir les filtres pour les informations que vous souhaitez recevoir, ce que vous ne souhaitez pas recevoir. Vous n'êtes pas obligé de lire toutes les informations postées.

3. TROP DE CONTENU MONDAIN

De nombreux ministres hésitent à accéder aux médias sociaux car ils prétendent que le contenu mondain en contient trop et qu'ils doivent protéger ce qu'ils voient et entendent afin qu'ils ne soient pas pollués.

Si vous étiez du monde, le monde aimerait le sien; mais parce que vous n'êtes pas du monde, mais que je vous ai choisis hors du monde, le monde vous hait. **Jean 15:19**

Nous sommes dans le monde mais nous ne sommes pas du monde. Nous devons toujours nous rappeler ce que les gens font et dire qu'ils font et disent à cause de la nature pécheresse qu'ils ont en eux. Cela ne devrait pas nous rebuter et décider de nous connecter sur les plateformes de médias sociaux pour partager ce qui est en nous.

Ce que nous avons déposé en nous et que nous partageons est dû à la nature du Christ en nous. Lorsque nous partageons sur les réseaux sociaux, nous devons le faire dans la prière pour les atteindre afin qu'ils puissent eux aussi être traduits du royaume des ténèbres au royaume du Seigneur Jésus-Christ.

4. PORNOGRAPHIE ET CONTENU SEXUELLEMENT EXPLICITE

De nombreux ministres évitent d'être sur les médias sociaux, invoquant la raison pour laquelle il existe de la pornographie et de nombreux contenus sexuellement explicites qu'ils ne veulent pas voir.

> *En qui le dieu de ce monde a aveuglé les esprits de ceux qui ne croient pas, de peur que la lumière de l'évangile glorieux de Christ, qui est l'image de Dieu, ne les illumine.* **2 Corin 4: 4**

Ce sont tous des signes de la fin des temps et du fait que le monde tel que nous le connaissons va bientôt prendre fin avec la venue de notre Seigneur Jésus-Christ.

Laissez-le être le facteur de motivation pour vous engager sur les médias sociaux. Ne soyez pas rebutés par la pornographie et sexuellement explicites, mais publiez du matériel qui montrera à ceux qui sont déjà liés par les esprits de la luxure, du sexe et des esprits de cette fin d'année qu'il existe un moyen de se libérer de leur esclavage.

5. FAUX COMPTES ET SPAMMING

Une autre crainte est qu'il y a beaucoup de faux comptes, alors comment sauriez-vous que vous atteignez de vraies personnes. Les médias sociaux permettent également aux spammeurs - à la fois de vraies personnes et de véritables bots - de bombarder de contenu avec d'autres personnes. Comment pouvez-vous vous protéger en ligne contre le spam?

Une réponse à la crainte de savoir comment protéger vos comptes contre le spam peut être que vous puissiez définir des filtres sur vos comptes pour vous protéger contre le spam. Quant à la publication, vous ne pouvez jamais vraiment savoir si un compte est réel ou faux.

Tout ce que vous pouvez faire est de marcher dans la foi et de continuer à publier sur la parole de Dieu et les vraies personnes répondront lorsque la parole de Dieu touchera leur cœur.

6. CYBER HARCÈLEMENT 

L'une des craintes générales des médias sociaux est qu'avec la quantité d'informations diffusées sur les médias sociaux, il est facile de partager nos emplacements et d'autres informations sensibles qui ouvriront la porte aux cyber-harceleurs pour nous cibler.

Cette crainte n'affecte pas beaucoup les ministres car nous voulons que les gens sachent où se trouvent l'église et le ministère et à quel moment nous sommes disposés à aider les gens. Nous voulons également qu'ils sachent où nous exercerons notre ministère pour que les gens puissent assister aux services ou aux réunions.

Cependant, nous devrions impliquer, dans la prière, le monde attentif dans nos messages à ne pas divulguer des informations sensibles pouvant être utilisées par des cyber-harceleurs

Un autre inconvénient des médias sociaux est que les gens peuvent manipuler leur image de soi sur les médias sociaux et présenter de faux modes de vie parce qu'ils ne veulent pas paraître ennuyeux ou inadéquats.

Ils publieront des messages ne montrant qu'une partie de leur vie qui les rend heureux et font des progrès dans la vie, alors que leur vie réelle est si différente. Les gens ont le pouvoir de contrôler complètement les parties de leur vie qu'ils souhaitent diffuser sur les médias sociaux et celles qu'ils ne souhaitent pas.

En tant que ministres, nous ne devrions pas croire tout ce qui est affiché sur les médias sociaux par des gens qui pensent que les gens n'ont pas de problèmes ou des problèmes pour lesquels ils ont besoin de l'aide de Dieu.

Nous devrions écouter les instructions du Saint-Esprit et créer des poteaux qui peuvent atteindre derrière la façade que les gens mettent en place pour les mettre à genoux afin de rechercher l'aide dont ils ont besoin de Dieu afin qu'ils puissent être libérés et capables de vivre librement.

8. FAUSSES NOUVELLES

Les médias sociaux sont criblés de ce qu'on appelle "les fausses nouvelles". Ces fausses nouvelles sont totalement fausses. Les nouvelles sont fausses et les fabrications de l'esprit de ceux qui les ont créées ont pour but de générer du trafic vers leur site Web ou de soutenir tout programme ou mission qu'ils se sont fixé pour objectif de réaliser. Beaucoup d'utilisateurs ne savent pas que les nouvelles sont fausses en premier lieu.

En qui le dieu de cet âge a aveuglé les esprits de ceux

qui ne croient pas, de peur que la lumière de l'évangile glorieux de Christ, qui est l'image de Dieu, ne les illumine. **Je Cor 4: 4**

Vous êtes de votre père le diable, et les convoitises de votre père que vous ferez Il était un meurtrier depuis le début et ne résidait pas dans la vérité, car il n'y avait pas de vérité en lui. Quand il parle un mensonge, il parle du sien: car il est un menteur et le père de celui-ci. **Jean 8:44**

Cela ne devrait pas nous surprendre, comme nous le savons en tant que ministres, que le diable utilise des mensonges pour tromper les gens. Par conséquent, nous devrions répandre la parole de Dieu pour que la lumière de l'évangile puisse dissiper l'obscurité des mensonges.

9. MANQUE DE CONFIDENTIALITÉ / SÉCURITÉ 

L'une des principales préoccupations des médias sociaux est que ces plateformes soient piratées de temps en temps malgré les bonnes mesures de sécurité mises en place. Votre compte peut être piraté et les gens vont le pirater et commencer à contacter vos amis et vos followers comme ils sont vous-même.

Ce que nous devons faire, c'est nous assurer de créer un mot de passe très fort pour nos comptes et de le changer de temps à autre. J'ai abordé la question de la création d'un mot de passe fort dans le chapitre sur Facebook ci-dessous.

10. LES MÉDIAS SOCIAUX APPARTIENNENT AU MONDE ET NON À DIEU

Certains ministres croient encore, à tort, que les plateformes de médias sociaux appartiennent au monde et que, par conséquent, Dieu ne voudrait pas qu'elles soient vues sur de telles plateformes.

Ils défendent leur refus d'ouvrir des comptes sur les médias sociaux ou s'engagent dans des interactions avec des personnes sur les médias sociaux en déclarant que si elles étaient vues sur les médias sociaux, leur réputation et leur revendication de sainteté seraient entachées.

Ils croient que les médias sociaux ne sont pas de Dieu et que commettre le péché serait donc d'être sur les plateformes de médias sociaux et que d'autres percevraient qu'ils se sont éloignés du droit chemin étroit spécifié par la bible.

Dieu n'a pas changé d'avis sur le péché et la bonne nouvelle du salut. Il a seulement changé ses méthodes pour transmettre le message à la manière la plus facile d'atteindre les personnes du 21ème siècle.

Pour autant que les enfants participent à la chair et au sang, il en a également pris part lui aussi; qu'il puisse détruire par la mort celui qui avait le pouvoir de la mort, c'est-à-dire le diable; **Héb 2: 4**

S'il a quitté son trône céleste pour devenir un homme juste pour rencontrer un homme à son niveau afin de le sauver de la destruction éternelle et de le séparer de lui, il va sans dire qu'il est disposé à leur parler sur les médias sociaux simplement pour leur donner l'évangile. et les amener au paradis

Et le Verbe s'est fait chair et a habité parmi nous (et nous avons vu sa gloire, gloire comme celle du fils unique du Père), pleine de grâce et de vérité. **Jean 1: 14**

CHAPTER 5

ERREURS COURANTES DES ÉGLISES ET DES MINISTRES SUR LES RÉSEAUX SOCIAUX

1. Traiter Les Médias Sociaux Comme Une Chaîne D'information
2. Soyez Immédiatement Sur Toutes Les Plates-formes
3. Publiez Rarement
4. Échec De La Planification De Vos Publications
5. Ne Pas Programmer De Messages
6. Ne Pas Interagir
7. Aucun Lien Vers Votre Site Web
8. Aucun Appel À L'action Inclus Dans Les Messages
9. Ne Posez Jamais De Questions
10. N'investissez Pas De Temps Et D'énergie
11. Ne Rien Dire De Nouveau
12. Utilisez Toujours Le Même Style
13. Ne Pas Avoir De Stratégie
14. Ne Pas Être Spontané
15. Échec De La Communication De Vos Succès Sur Les Médias Sociaux À Votre Direction
16. Ignorer Les Conversations #hashtag
17. Ne Pas Savoir Combien De Clics Vous Avez Sur Vos Messages
18. Ne Pas Adapter Votre Contenu Pour Différentes Plates-formes
19. Permettre Aux Médias Sociaux De Vous Contrôler
20. Essayer De Tout Faire Tout Seul

Le travail des insensés les fatigue tous, car il ne sait pas aller en ville. **Ecclésiaste 10:15**

Les médias sociaux sont une occasion de pointe que vous pouvez utiliser pour votre ministère et votre église afin de communiquer avec des auditoires existants ou nouveaux d'une manière qu'aucun autre moyen de communication ne permet.

Certains ministres et églises ont appris à bien utiliser les médias sociaux, mais d'autres ne savent toujours pas bien les utiliser et finissent par les utiliser très mal.

Voici quelques erreurs courantes que les églises et les membres du ministère font sur les médias sociaux et que vous devriez éviter pour réussir sur les médias sociaux:

1. Traitez les médias sociaux comme une chaîne d'information

Les médias sociaux ne sont pas une autre chaîne d'information diffusée pour diffuser toutes les annonces. Vous devez réaliser que les gens ne sont pas sur les médias sociaux pour avoir plus de nouvelles. Ils sont là pour dialoguer avec qui et ce qu'ils aiment.

Les médias sociaux sont un moyen par lequel les gens expriment qui ils sont et interagissent sur cette base. Il y a une place pour les annonces de nouvelles, mais n'attendez pas autant d'engagement dans vos annonces que vous le feriez pour vos publications sur le style de l'engagement.

2. Soyez sur chaque plate-forme immédiatement

Lorsque vous maîtrisez les médias sociaux pour la première fois, vous avez tendance à consulter d'autres ministères et églises et à voir comment ils utilisent différentes plates-formes et souhaitent utiliser les médias sociaux comme eux. Ensuite, vous voulez configurer tous les comptes en même temps sur toutes les plateformes. Ce n'est pas une étape sage, car vous serez frustré et épuisé rapidement.

Vous devez commencer lentement et prendre une plateforme à la fois. Si vous êtes à l'aise pour gérer cette plateforme et la maintenir constamment à jour avec un contenu riche et attrayant, vous pouvez ajouter une autre plateforme.

Vous devez résister à la tentation d'être partout à la fois.

3. Publier rarement

Vous devez être cohérent sur les médias sociaux. Vous ne pouvez pas ouvrir de compte et ne pas publier de messages. Vous ne devriez pas non plus simplement publier quelques articles, puis rester silencieux.

Vous devez maintenir un rythme de publication durable pour que votre auditoire sache quand attendre de recevoir de vos nouvelles. Ils vous suivent parce qu'ils adorent avoir de vos nouvelles.

Il n'y a rien de pire que de commencer rapidement sur les médias sociaux, puis de disparaître complètement.

4. Échec de la planification de vos publications

Les fourmis sont un peuple pas fort, pourtant ils préparent leur nourriture en été; **Pro 30:25**

Rappelez-vous l'adage **«Ceux qui ne planifient pas, prévoient d'échouer».** Cet adage est également vrai dans les médias sociaux. Vous devez planifier vos messages. Regardez comment votre contenu soutiendra les objectifs de votre église ou de votre ministère et planifiez en conséquence pour créer le contenu.

Cela impliquera d'avoir une **stratégie de médias**

sociaux et également de créer **un calendrier éditorial** pour garder vos messages organisés. J'ai discuté un peu plus en détail de ces deux aspects dans le chapitre ci-dessous consacré à la gestion de vos médias sociaux.

5. Ne planifiez pas les publications

Vous ne pouvez pas avoir beaucoup de succès dans les médias sociaux si vous ne planifiez pas vos publications.

La planification de vos publications est intelligente pour deux raisons. Premièrement, vous pourrez utiliser votre temps efficacement. Deuxièmement, lorsque vous publiez lorsque votre public est en ligne, cela engendre un engagement plus important.

Pour qui de vous, qui a l'intention de construire une tour, ne s'assoit pas en premier, et en compte le coût, s'il en a assez pour l'achever? **Luc 14 : 28**

Planifier vos publications est acceptable tant que vous vous engagez avec votre public et que vous gardez une oreille attentive pour vous assurer que vous pouvez supprimer rapidement toute publication pré-programmée qui pourrait être mal prise à cause d'un événement d'actualité local ou national.

6. N'interagissez pas

De nombreux ministres et dirigeants d'église sont particulièrement coupables de ne pas interagir sur les médias sociaux. Lorsque quelqu'un se connecte à votre compte, vous devez interagir avec eux. Ne les ignorez pas. Répondre à eux. Engagez-les. C'est pourquoi le mot social est dans les médias sociaux.

7. Aucun lien vers votre site Web

De nombreux ministres ne mettent pas de liens vers

leurs sites Web sur leurs pages ou leurs publications. C'est une grosse erreur.

Votre plate-forme de médias sociaux est comme une publicité pour votre site Web. Placez les liens vers votre site Web dans les 3 premières lignes de votre page bio afin qu'il apparaisse sur votre ligne de temps et qu'il soit plus facile de cliquer dessus pour accéder à votre site Web.

Mettez également un lien vers votre site Web à la fin de chaque message afin que les internautes puissent cliquer sur votre site Web s'ils souhaitent obtenir davantage d'informations de votre part.

8. Aucun appel à l'action inclus dans les messages

Vous devez toujours inclure un appel à l'action dans votre message. Il faut dire aux gens quoi faire. Si vous ne leur demandez pas, ils ne feront rien.

Et je vous dis, demandez, et il vous sera donné; cherchez et vous trouverez; frappez, et il vous sera ouvert. **Luc 11: 9**

Si vous voulez que vos lecteurs aiment, partagent votre message ou mettent un commentaire en dessous de votre message, dites-leur de le faire.

9. NE POSEZ JAMAIS DE QUESTIONS

Parfois, le meilleur moyen de faire participer votre public est de lui poser une question très brève et succincte.

Vous pouvez demander qui a pris cette action dans la bible? Ou qui a dit cette phrase? Ou pourquoi devrions-nous faire ceci ou ne pas faire ceci?

Assurez-vous qu'ils puissent répondre rapidement à la question en un ou deux mots.

10. NE PAS INVESTIR TEMPS ET ÉNERGIE

Il peut être gratuit d'accéder à de nombreuses plateformes de médias sociaux et de comptes ouverts, mais réussir sur les médias sociaux n'est pas gratuit. Vous devrez investir votre temps et votre énergie et vous consacrer à faire en sorte que les plates-formes de médias sociaux fonctionnent pour vous.

Tant que la terre durera, le temps des semences et la récolte, le froid et la chaleur, été et hiver, le jour et la nuit ne cesseront jamais. **Gen 8:22**

Vous découvrirez également qu'une fois que les plates-formes de médias sociaux commenceront à attirer l'attention et le suivi que vous souhaitez, vous devrez peut-être aussi mettre de côté de l'argent et disposer d'un budget pour l'investir afin de continuer à le développer.

11. SOUVENT RIEN DE NOUVEAU

Vous devez trouver du contenu attrayant pour vos lecteurs et vos suiveurs. Si des personnes visitent votre page et constatent que vous n'avez rarement rien de nouveau à dire, vous les ennuierez à mort.

Borer votre public à mort est presque aussi grave que de commencer sur vos plateformes de médias sociaux et de ne pas poster. Vous allez devenir très inutile très bientôt.

Vous devez toujours rechercher des sujets qui, à votre avis, seront intéressants et intéressants pour votre public

12. UTILISER LE MÊME STYLE TOUT LE TEMPS

Si vous utilisez le même style tout le temps, vous perdrez l'attention de vos lecteurs. Vous devez apprendre à changer de style et de tactique de temps en temps. Présentez votre contenu de différentes manières. N'ayez pas peur d'expérimenter votre diffusion et vos publications. Utilisez des questions, des sondages, des citations, des histoires, des blagues, etc.

13. Ne pas avoir de stratégie

Pour réussir dans les médias sociaux, vous devez avoir une stratégie. Il est important de trouver le "pourquoi" de vos médias sociaux plutôt que le "comment" puis-je exploiter mes plates-formes de médias sociaux avant de commencer. Ignorer le «pourquoi» est une erreur fondamentale.

14. Ne pas être spontané

Vous n'êtes pas obligé de toujours réfléchir à vos messages. Parfois, les meilleurs messages sont ceux que vous écrivez sur un coup de tête. Parfois, vous pouvez voir quelque chose d'intéressant et l'afficher immédiatement.

15. Échec de la communication de vos succès sur les médias sociaux à votre direction

Si vous gérez les plateformes de médias sociaux du ministère ou de l'église, il est très important que vous informiez vos dirigeants de la qualité de leur fonctionnement. Vous devez informer les dirigeants de l'église, en particulier lorsque le nombre d'engagements et de suiveurs augmente.

Ne gardez pas vos succès pour vous. Vous devez démontrer l'efficacité de votre portée en ligne à vos dirigeants. Les leaders stratégiques adorent voir des résultats et vous soutiendront.

16. Ignorer les conversations #hashtag

Vous devez passer du temps à apprendre à utiliser et à tirer profit de l'utilisation des balises de hachage. Les

#hashtags sont un excellent moyen de participer à une conversation globale sur un sujet ou une tendance.

Vous pouvez dialoguer avec un grand nombre de personnes qui sont sur Twitter et ne vont pas à l'église. Sur Facebook et Instagram, vous pouvez créer des balises de hachage pour vos publications qui afficheront toutes vos publications sur la même balise de hachage lors de la recherche.

17. Ne sachant pas le nombre de clics enregistrés sur vos publications

Lorsque vous commencez à générer de nombreux clics sur vos publications, il est important de pouvoir mesurer l'efficacité d'une publication. Lorsque vous obtenez le nombre de personnes qui cliquent sur le type de publication que vous publiez, cela peut vous aider à décider si le style de publication vaut la peine d'être.Vous pouvez commencer par utiliser **bit.ly (https://bitly.com)**

18. Ne personnalisez pas votre contenu pour différentes plates-formes

Chaque plate-forme a son propre style et ce qui plaît aux utilisateurs de cette plate-forme. Découvrez ce qui fonctionne sur chaque plate-forme et utilisez ce format pour publier sur cette plate-forme.

Par exemple, sur **Facebook,** lorsque vous publiez une **photo** avec une photo, celle-ci conduit généralement à un engagement. Sur **Twitter**, ce s**ont les mots** que vous utilisez en premier qui déclenchent l'engagement.

Ne vous contentez pas d'utiliser le même contenu sur toutes vos plateformes. Vous devez adapter le contenu à la plateforme sur laquelle vous vous trouvez.

19. Autoriser les médias sociaux à vous contrôler

Vous devez utiliser les médias sociaux comme un outil pour amener les gens à Christ. Vous contrôlez quand et comment vous postez et utilisez-le,

Ne vous laissez pas prendre le contrôle que vous devez poster certaines heures et vérifiez si vos messages le font si souvent que cela devient une obsession. Ce n'est qu'un moyen d'atteindre un but. Pas la fin en soi.

20. Essayer de tout faire par vous-même

Les médias sociaux pour le ministère ou l'église impliquent beaucoup. Vous ne pouvez pas le faire seul. N'essayez pas de faire autrement, vous serez frustré et épuisé. Vous devez constituer une équipe qui vous aidera à coordonner et à diffuser votre contenu sur les réseaux sociaux, tout en vous assurant une excellente présence en ligne.

Trouvez des personnes qui peuvent vous aider avec vos médias sociaux. Un graphiste, un vidéographe, un photographe qui peut vous aider. Dans votre église/ministère, recherchez des personnes qui sont déjà habituées à utiliser les médias sociaux et qui sont motivées pour voir votre église/ministère avoir une excellente présence en ligne qui peut vous aider à développer sa présence en ligne.

Si vous pouvez faire attention aux 20 erreurs que les églises et les ministères commettent sur les médias sociaux et évitez les erreurs susmentionnées, vous serez bientôt sur la voie d'une grande présence sur les médias sociaux.

LA GRANDE COMMISSION

Allez donc et enseignez à toutes les nations en les baptisant au nom du Père, du Fils et du Saint-Esprit: **Matthieu 28:19**

Dans ce chapitre, nous allons examiner brièvement ces 10 domaines de base avec lesquels vous devez vous familiariser pour vous aider à réussir à utiliser les médias sociaux comme outil de votre ministère et de votre évangélisation dans le monde.

1. STATISTIQUES MONDIALES SUR LA POPULATION ET LES AFFILIATIONS RELIGIEUSES

a. POPULATION MONDIALE

Et cet évangile du royaume sera prêché dans le monde entier pour servir de témoignage à toutes les nations; et alors viendra la fin. **Matt 24:14**

Voyons combien de personnes nous avons dans le monde aujourd'hui? Où vivent-ils et combien d'entre eux ont entendu l'évangile et sont devenus chrétiens? Ceux qui ne sont pas devenus chrétiens sont les personnes à qui nous devons prêcher pour qu'ils se convertissent et deviennent des candidats au ciel.

i. Combien de personnes y a-t-il dans le monde aujourd'hui?

Selon les dernières estimations des Nations Unies élaborées par Worldometers au 1er juillet 2019, il y aurait environ **7,714,576,923** personnes dans le monde. Le terme "population mondiale" désigne la population humaine (le nombre total d'humains actuellement vivant) du monde.

La population mondiale croît actuellement (2018-2019)

à un taux d'environ 1,07% par an (contre 1,09% en 2018, 1,12% en 2017 et 1,14% en 2016). L'augmentation moyenne de la population actuelle est estimée à **82 millions de personnes par an.**

Les Nations Unies prévoient que la population mondiale atteindra **10 milliards** en 2056.

ii. Top 20 des plus grands pays par la population

Quels sont les 20 pays les plus peuplés du monde aujourd'hui?

1	Chine	1,420,098,653	11	Japon	126,852,338
2	Inde	1,368,845,143	12	Ethiopie	110,154,821
3	ETATS-UNIS	329,110,126	13	Philippines	108,118,018
4	Indonésie	269,556,567	14	Egypte	101,181,933
5	Brésil	212,403,871	15	Vietnam	97,435,931
6	Pakistan	204,624,274	16	D.R. Congo	86,747,739
7	Nigeria	200,999,978	17	Dinde	82,969,470
8	Bangladesh	168,078,359	18	Iran	82,826,692
9	Russie	143,895,047	19	Allemagne	82,439,698
10	Mexique	132,339,540	20	Thaïlande	69,307,057

c. Population mondiale par région

1	Asie	4,584,807,072
2	Afrique	1,320,038,716
3	L'Europe	743,102,600
4	Amérique latine et les Caraïbes	658,305,557
5	Nord amérique	366,496,802
6	Océanie	41,826,176

Selon une étude récente (basée sur une population mondiale de 6,9 milliards d'habitants en 2010) réalisée par le Pew Forum, il y aurait:

- **2 173 180 000** chrétiens (soit 31% de la population mondiale), dont 50% sont catholiques, 37% protestants, 12% orthodoxes et 1% autres.

d. Population mondiale par religion

	Religion	Nombre	% de la population mondiale
1	Les chrétiens	2,173,180,000	31%
2	Les musulmans	1,598,510,000	23%
3	Aucune affiliation religieuse	1,126,500,000	16%
4	Hindous	1,033,080,000	15%
5	Bouddhistes	487,540,000	7%
6	Religionists folkloriques	405,120,000	6%
7	Autres religions	58,110,000	1%
8	Les Juifs	13,850,000	0.2%

- 1 598 510 000 musulmans (23%), dont 87 à 90% sont sunnites et 10 à 13% chiites.
- **1 126 500 000** sans appartenance religieuse (16%): athées, agnostiques et personnes qui ne s'identifient pas à une religion en particulier. Aux États-Unis, une personne sur cinq (20%) n'a aucune affiliation religieuse.
- **1 033 080 000** hindous (15%), dont la grande majorité (94%) vivent en Inde.
- **487 540 000** bouddhistes (7%), dont la moitié vivent en Chine.405 120 000 Religionistes folkloriques (6%): religions étroitement associées à un groupe de personnes, à une ethnie ou à une tribu particulière.
- **58 110 000** autres religions (1%): confession bahaïe, taoïsme, jaïnisme, shintoïsme, sikhisme, tenrikyo, wicca, zoroastrisme et bien d'autres.
- **13 850 000** Juifs (0,2%), dont les quatre cinquièmes vivent dans deux pays: les États-Unis (41%) et Israël (41%).

- La source d'information:
https://www.worldometers.info/world-population/

b. RELIGIEUSEMENT NON AFFILIÉ

Et il leur dit: Allez dans le monde entier, et prêchez l'Évangile à toutes les créatures. **Mark 16:15**

Le nombre de personnes non affiliées sur le plan religieux s'élève à 1,1 milliard, soit environ une personne sur six (16%) dans le monde. Les athées, les agnostiques et les personnes qui ne s'identifient pas à une religion particulière dans les enquêtes font partie des personnes non affiliées sur le plan religieux. Cependant, beaucoup de personnes non affiliées sur le plan religieux ont des croyances religieuses.

Par exemple, 7% des adultes chinois non affiliés, 30% des adultes français non affiliés et 68% des adultes américains non affiliés partagent la croyance en Dieu ou en une puissance supérieure. Certaines personnes non affiliées se livrent également à certains types de pratiques religieuses.

Il y a des gens qui n'ont aucune affiliation religieuse et qui sont dispersés dans le monde entier. Nous devons savoir où se trouvent ces personnes pour pouvoir leur prêcher l'évangile de notre Seigneur Jésus-Christ.

Par exemple, 7% des adultes non affiliés en France et 2, 7% de ceux aux États-Unis déclarent assister à des offices religieux au moins une fois par an. Et en Chine, 44% des adultes non affiliés déclarent avoir adoré une tombe ou une tombe au cours d'une année écoulée.

Les personnes non affiliées sur le plan religieux sont fortement concentrées en Asie et dans le Pacifique, où résident plus des trois quarts (76%) de la population non affiliée du monde.

Le reste se trouve en Europe (12%), en Amérique du Nord (5%), en Amérique latine et dans les Caraïbes (4%), en Afrique subsaharienne (2%) et au Moyen-Orient et en

Monde Religieusement non affilié par région

		ESTIMÉ 2010 POPULATION NON AFFILIÉE	ESTIMÉ 2010 POPULATION TOTALE	POURCENTAGE DE POPULATION NON AFFILIÉE
1	Asie-Pacifique	858,580,000	4,054,990,000	21.2%
2	L'Europe	134,820,000	742,550,000	18.2%
3	Amérique du Nord	59,040,000	344,530,000	17.1%
4	Amérique latine-Caraïbes	45,390,000	590,080,000	7.7%
5	Afrique sub-saharienne	26,580,000	822,720,000	3.2%
6	Moyen-Orient - Afrique du Nord	2,100,000	341,020,000	0.6%
	Total mondial	**1,126,500,000**	**6,895,890,000**	**16.3%**

10 pays comptant le plus grand nombre de personnes non affiliées sur le plan religieux

	PAYS	ESTIMÉ 2010 POPULATION NON AFFILIÉE	POURCENTAGE DE POPULATION NON AFFILIÉE	POURCENTAGE DE POPULATION MONDIALE NON AFFILIÉE
1	Chine	700,680,000	52.2%	62.2%
2	Japon	72,120,000	57.0%	6.4%
3	États Unis	50,980,000	16.4%	4.5%
4	Vietnam	26,040,000	29.6%	2.3%
5	Russie	23,180,000	16.2%	2.1%
6	Corée du Sud	22,350,000	46.4%	2.0%
7	Allemagne	20,350,000	24.7%	1.8%
8	France	17,580,000	28.0%	1.6%
9	Corée du Nord	17,350,000	71.3%	1.5%
10	Brésil	15,410,000	7.0%	1.4%
11	**Sous-total pour le 10 pays**	**966,040,000**	**30.9%**	**85.8%**
12	**Sous-total pour le reste du monde**	**160,460,000**	**3.6%**	**14.2%**
13	**Total mondial**	**1,126,500,000**	**16.3%**	**100%**

Afrique du Nord (moins de 1%).

Bien qu'une majorité de personnes non affiliées à la religion vivent en Asie et dans le Pacifique, seule une personne sur cinq (21%) dans cette région n'est pas affiliée. Plus d'une personne sur six en Europe (18%) et en Amérique du Nord (17%) n'a aucune affiliation religieuse. Les non affiliés constituent des parts moins importantes dans les régions restantes. Par exemple, moins de 1% des personnes vivant dans la région Moyen-Orient-Afrique du Nord ne sont pas affiliées.

Plus de six sur dix (62%) de toutes les personnes non affiliées sur le plan religieux vivent dans un pays, la Chine11. Les plus grandes populations de personnes non affiliées sur le plan religieux se trouvent au Japon (6% de toutes les personnes non affiliées), aux États-Unis (5%).), Le Vietnam (2%) et la Russie (2%).

Dans six pays, les personnes non affiliées constituent la majorité de la population: la République tchèque (76% sont non affiliées), la Corée du Nord (71%), l'Estonie (60%), le Japon (57%), Hong Kong (56%). %) et la Chine (52%).

Selon les estimations du présent rapport, 16,4% de la population américaine totale (adultes et enfants) n'était pas affiliée en 2010. Toutefois, un sondage récent du Pew Research Center a révélé qu'en 2012, 19,6% des adultes américains n'étaient pas affiliés. Les différentes conclusions reflètent à la fois une augmentation du pourcentage d'adultes américains non affiliées sur le plan religieux et des différences entre la proportion d'adultes et la proportion d'enfants non affiliés aux États-Unis. On estime que les enfants sont légèrement plus nombreux que les adultes à avoir une religion.

- La source d'information:
https://www.pewforum.org/2012/12/18/global-religious-landscape-unaffiliated/

Une compréhension de base du fonctionnement d'Internet et du World Wide Web est nécessaire pour comprendre le fonctionnement des médias sociaux en tant qu'outil pour le ministère et l'évangélisation mondiale.

De nombreuses personnes utilisent indifféremment les termes Internet et World Wide Web **(ou le Web),** mais en réalité, les deux termes ne sont ni identiques ni synonymes. Internet et le Web sont deux choses distinctes mais liées.

a. Qu'est-ce que l'internet?

Internet est un système mondial de réseaux informatiques interconnectés. Internet relie des millions d'ordinateurs du monde entier, formant ainsi un vaste réseau dans lequel n'importe quel ordinateur peut communiquer avec n'importe quel autre ordinateur, à condition qu'ils soient tous les deux connectés à Internet.

Il s'agit d'un réseau de réseaux constitué de réseaux privés, publics, universitaires, commerciaux et gouvernementaux, de portée locale à mondiale, reliés par un large éventail de technologies de mise en réseau électroniques, sans fil et optiques.

Protocoles est le terme utilisé pour désigner la variété de langues utilisée pour que l'information circule sur Internet. (TCP / IP) Internet est une infrastructure de réseau, un immense réseau de réseaux.

Internet a remodelé, redéfini et contourné la plupart des moyens de communication traditionnels, notamment le téléphone, la radio, la télévision, le courrier postal et les journaux. Avec l'avènement d'Internet, de nouveaux services tels que le courrier électronique, les téléphones Internet, la télévision sur Internet, la musique en ligne, les journaux en ligne/numériques, la vidéo et la diffusion en direct sont apparus.

Internet a également permis et accéléré de nouvelles formes d'interactions personnelles par le biais de la messagerie instantanée, de forums Internet, des réseaux sociaux et des achats en ligne.Il n'y a pas de gouvernement centralisé pour Internet ou de politique d'accès ou d'utilisation. Chaque réseau définit ses propres politiques.

L'ICANN - la Société Internet pour les noms et les numéros attribués est l'organisation qui gère l'espace adresse du protocole **IP Adresses**-Internet (chaque ordinateur a une adresse IP unique sur Internet qui lui permet d'être reconnue) et le système DNS-Nom de domaine (chaque site Web). possède un nom de domaine à travers lequel il peut être consulté) sur Internet.

Points rapides sur Internet:

- C'est un réseau mondial connectant des millions d'ordinateurs.
- Internet est décentralisé.
- Chaque ordinateur Internet est indépendant.
- Il y a plusieurs façons d'accéder à Internet.
- Il y a plus de 3,9 milliards d'internautes dans le monde.

- Source d'information:
https://en.wikipedia.org/wiki/Internet

Nombre d'utilisateurs d'Internet en 2019

Selon le **"rapport Global Digital 2019"** de la vaste

collection de We are social et Hootesuite publiés au premier trimestre de 2019, il y avait **4.39 milliards** d'internautes en 2019, soit une augmentation de 366 millions (9%) par rapport à janvier 2018.

Source d'information:
https://wearesocial.com/blog/2019/01/digital-2019-global-internet-use-accelerates

Mais vous recevrez de la puissance après que le Saint-Esprit soit venu sur vous. Et vous serez des témoins devant moi à Jérusalem et dans toute la Judée et à Samarie, et jusqu'à l'extrémité de la terre- **Acts 1:8**

b. Qu'est-ce que le Web (World Wide Web)?

Le World Wide Web, ou tout simplement le Web, est une partie d'Internet. C'est l'un des moyens d'accéder à l'information sur Internet.

Il s'agit d'un système d'information dans lequel les documents et autres ressources sont identifiés par **Uniform Resource Locator** (URL, telles que https://www.mychurch.com/), qui peuvent être liés entre eux par hypertexte et sont accessibles sur Internet.

Les utilisateurs du site Web peuvent accéder aux ressources du Web grâce à un logiciel appelé **navigateur Web**, tel que Internet Explorer ou Firefox.

Le world wide web a été inventé en 1989 par un scientifique anglais, **Tim Berners-Lee.** Il a écrit le premier navigateur Web en 1990 alors qu'il était employé à Genève, en Suisse.

Le Web est un modèle de partage d'informations basé sur Internet. Le Web n'utilise qu'une des langues parlées sur Internet, le protocole HTTP, pour transmettre des données. Les documents Web, également appelés pages Web, contiennent également des graphiques, des sons, du texte et des vidéos.

Points rapides sur le Web:
- C'est un système de serveurs Internet qui supporte des documents spécialement formatés.
- Les documents sont formatés dans un langage de marquage qui prend en charge les liens vers d'autres documents.
- Vous pouvez passer d'un document à un autre en cliquant simplement sur des points chauds (hyperliens).
- Applications appelées navigateurs Web facilitant l'accès au Web.
- Il existe plus de 1 275 000 000 de sites Web.

- Source d'information:
https://en.wikipedia.org/wiki/World_Wide_Web

Nombre d'utilisateurs de médias sociaux en 2019

Le "**rapport Global Digital 2019**" de **We are social** et Hootesuite, publié au premier trimestre de 2019, révèle également que:
- Il y a 3.**48 milliards** d'utilisateurs de médias sociaux en 2019, le total mondial ayant augmenté de 288 millions (9%) depuis la même période l'an dernier.
- En janvier 2019, **3.26 milliards** de personnes utilisaient les médias sociaux sur des appareils mobiles, avec une croissance de 297 millions de nouveaux utilisateurs, ce qui représente une augmentation de plus de 10% par rapport à l'année précédente.

- Source d'information:
https://wearesocial.com/blog/2019/01/digital-2019-global-internet-use-accelerates

L'avènement d'Internet, du Web mondial et des médias sociaux a grandement affecté la manière dont l'Évangile se répand aujourd'hui dans le monde entier.

Visage bookbook: Aujourd'hui, de nombreux ministres sur le visage book publient de courts articles d'encouragement, de courts extraits de sermons, des vidéos entières de sermons, animent des soirées de surveillance et organisent régulièrement des face-shows en direct pour des prières ou des sermons. Ils diffusent également leurs services hebdomadaires, leurs programmes et leurs événements en direct sur Facebook

Expérience YouTube: De nombreux ministres sur YouTube qui ont téléchargé plusieurs de leurs sermons que des milliers de personnes regardent et suivent régulièrement du monde entier, même sans jamais rencontrer les pasteurs ou les ministres en personne

Expérience Twitter:
Certains ministres utilisent Twitter pour envoyer des tweets de versets bibliques, d'articles et de sermons, et fournissent des liens vers les sermons et les articles à lire.

Expérience Instagram: Les ministres et les églises publient de courtes vidéos et des images de leur ministère ou de leur église, ou des images de leurs services religieux, d'activités de sensibilisation et d'évangélisation, ainsi que des Écritures pour l'édification de la foi.

Expérience WhatsApp: De nombreux ministres utilisent WhatsApp pour informer les autres de leurs activités et de leurs événements, créer des groupes d'édification, d'information et de planification d'événements, de croisades et de campagnes de sensibilisation.

En effet, Internet et le Web mondial fournissent la plate-forme permettant au monde entier de se connecter, de s'engager et de recevoir des informations en même temps.

En tant qu'église, nous devons nous positionner pour être vus et engager le monde avec l'évangile de Jésus-Christ.

NOTES: Pour le ministère et l'évangélisation globale

Vous allez pouvoir vous connecter à d'autres pages Web sur le World Wide Web et vous connecter à d'autres utilisateurs d'Internet pour partager des informations sur votre ministère ou votre église et propager l'Évangile.

Étudiez pour vous montrer approuvé à Dieu, un ouvrier qui n'a pas besoin d'avoir honte, divisant à juste titre la parole de vérité - **2Tim 2:15**

Prenez le temps d'apprendre comment cela fonctionne pour pouvoir l'utiliser efficacement et efficacement.

3. DOMAINES ET SITES WEB

Domaines

La première étape nécessaire pour assurer une présence en ligne et une représentation numérique cohérente sur Internet consiste à créer un site Web pour votre église ou votre ministère.

Un site Web, c'est comme posséder son propre cyberespace. C'est sur ce site que les internautes peuvent venir apprendre tout sur vous, votre ministère ou votre église.

Nom de domaine:

Vous allez devoir choisir un nom de domaine pour votre site Web afin que les internautes puissent vous trouver en ligne. Votre **nom de domaine** est ce que les gens vont saisir dans leur navigateur Web pour trouver votre site. Au lieu de taper une longue chaîne de chiffres appelée adresse IP de votre site Web, les utilisateurs Internet peuvent facilement accéder à votre site Web en saisissant votre nom de domaine. Les noms de domaine sont parfois appelés **adresses Web -URL**

Fonctionnement

Le système de nom de domaine {DNS) attribue à chaque serveur une adresse mémorable et facile à épeler. Le nom de domaine masque l'adresse IP du site Web. Lorsque vous tapez le nom du site Web que vous souhaitez visiter, le système de nom de domaine (DNS) traduit le nom de domaine en une adresse IP qui comprend généralement non seulement le nom de domaine, mais également une chaîne de chiffres permettant de localiser les pages Web et les dossiers. être recherché.

Les noms de domaine sont enregistrés auprès des bureaux d'enregistrement de noms de domaine. Vous pouvez choisir parmi de nombreux registraires de noms de domaine. Allez en ligne et faites des recherches sur leurs forfaits et choisissez ce qui vous convient le mieux.

Les noms de domaine peuvent être détenus pendant une période donnée et peuvent être renouvelés à l'expiration du délai imparti.

Noms de domaine gratuits

De nombreux bureaux d'enregistrement de domaines proposent des noms de domaine gratuits à leurs clients. Bien que les noms de domaine puissent être gratuits afin de ne pas vous faire payer d'argent, ils sont assortis de conditions.Certains hébergeurs vous proposeront le nom de domaine gratuit si vous utilisez leur nom de société comme extension à la fin du nom de domaine. En conséquence, *vous ne possédez pas le nom de domaine* et vous ne pouvez pas le déplacer à tout moment.

D'autres vous proposeront le nom de domaine gratuit si vous achetez votre hébergement web auprès d'eux. Vous finirez par payer le nom de domaine dans le coût de l'hébergement, de sorte que le *"Gratuit"* n'est pas exactement *"Gratuit"*.

D'autres offrent des noms de domaine gratuits comme moyen de rassembler des informations personnelles qu'ils peuvent vendre aux annonceurs. Vous ne voulez certainement pas que vos informations soient vendues à des spécialistes du marketing et à des personnes que vous ne connaissez pas.

Enfin, il existe des fournisseurs d'hébergement qui vous donneront l'offre gratuite de noms de domaine et vous accepterez qu'ils placent de la publicité sur votre site Web. L'inconvénient est que la publicité qu'ils diffusent sur votre site Web peut être agaçante, voire en conflit avec votre foi. Ensuite, l'autre problème est que si votre site Web génère beaucoup de visites, les paiements des clics sur la publicité vont à la société d'enregistrement et non à vous.

En conclusion, il est préférable que vous achetiez votre propre nom de domaine afin de le contrôler totalement et de le déplacer d'un hôte à un autre si vous trouvez un meilleur service ailleurs.

NOTES

POUR LE MINISTÈRE ET L'ÉVANGÉLISATION GLOBALE
Votre nom de domaine

Choisissez un nom simple et mémorable pouvant être

identifié avec votre ministère ou votre église. Évitez les abréviations ou les orthographes difficiles à retenir. Payer pour votre propre nom de domaine et le posséder.

Extension de nom de domaine

Il existe de nombreuses extensions pour les noms de domaine tels que .com, .net, .org, .edu, .info, etc. L'extension la plus couramment utilisée par les ministères, les églises et les organisations à but non lucratif est l'extension **.org.**

Cette extension informe l'internaute que l'organisation figurant sur ce site est une organisation à but non lucratif qui gère et finance ses activités à l'aide des dons et des fonds de ses bienfaiteurs.

Certificat SSL

SSL est synonyme de couches de socket sécurisées.

Si vous avez l'intention de collecter des dons ou des versements volontaires pour vos sermons sur des bandes audio, des cassettes vidéo, vos livres, vos documents de conférence ou d'église / ministère, vous devez payer un certificat SSL de votre registraire de domaine qui sécurisera votre site Web en ligne. Paiement.

Les certificats SSL sont de petits fichiers de données qui lient numériquement une clé cryptographique aux détails d'une organisation. Lorsqu'il est installé sur un serveur Web, il active le cadenas et le protocole https et permet des connexions sécurisées d'un serveur Web à un navigateur.

Un signe ressemblant à un cadenas apparaît avec votre nom de domaine une fois votre site Web ouvert lorsque le protocole https est activé et permet des connexions sécurisées d'un serveur Web à un navigateur. Le visiteur peut le voir et savoir que votre site est un site Web crypté sur lequel il peut faire des dons en toute sécurité sans risquer d'exposer ses informations personnelles à des pirates informatiques susceptibles de leur voler leurs informations personnelles. Le vol d'identité est à un niveau record et beaucoup de gens font très attention quand et comment ils placent leurs informations personnelles

La principale raison de l'utilisation de **SSL** est de conserver le cryptage des informations confidentielles envoyées sur Internet afin que seul le destinataire prévu puisse y accéder. Lorsqu'un **certificat SSL** est utilisé, les informations deviennent illisibles pour tout le monde, à l'exception du serveur auquel l'expéditeur envoie les informations.

Cela donnera à vos paroissiens, adeptes et donateurs une grande sécurité quant à la sécurité de leurs informations personnelles, qu'ils pourront facilement donner à votre église/ministère en ligne et acheter vos documents sur votre site web.

Sites Internet

a. Pourquoi avez-vous besoin d'un site Web pour votre ministère ou votre église?

La première étape de la visibilité en ligne consiste à créer un site Web. De nombreuses églises / ministères (en particulier dans les pays en développement) ne comprennent toujours pas le fait que le fait d'avoir un site Web ne remplace pas la grande commission de prêcher l'évangile à toutes les nations ayant un site Web au XXIe siècle **EST DEVENU UN OBLIGATOIRE** pour augmenter la diffusion de l'évangile.

Laissez-moi vous donner dix bonnes raisons pour lesquelles chaque église / ministère devrait avoir un site web.

i. Empreinte numérique: Lorsque vous avez un site Web, vous avez pris votre place dans le monde en ligne et créé une empreinte numérique afin que les visiteurs puissent vous trouver sur Internet au moyen de votre site Web.

Leur ligne est parcourue par toute la terre et leurs paroles jusqu'au bout du monde. En eux, il a établi un tabernacle pour le soleil. **Ps 19: 4**

ii. Visibilité en ligne: Les moteurs de recherche peuvent être optimisés pour trouver votre site Web et orienter davantage de personnes vers votre site Web afin de présenter les services et activités de votre église / ministère.

Comment alors feront-ils appel à celui en qui ils n'ont pas cru? et comment croiront-ils en celui dont ils n'ont pas entendu parler? et comment entendront- ils sans prédicateur? **Rom 10:14**

iii. Premières impressions: Votre site Web fait une première impression au monde que vous êtes sérieux au sujet de votre église / ministère. La plupart du temps, les visiteurs en ligne voient en premier lieu comment ils interagissent avec votre église / ministère.

Vous ne recevez jamais une deuxième occasion de créer une première impression, alors assurez-vous que vos premières impressions comptent car elles sont souvent presque impossibles à effacer.

Laissez votre lumière si brillante devant les hommes, afin qu'ils puissent voir vos bonnes œuvres et glorifier votre Père qui est dans les cieux. **Matt 5:16**

iv. Présentez vos services et événements liés à votre église/ministère: Votre site Web est un bon endroit pour présenter vos services et activités de votre église / ministère au monde entier.

Vous êtes notre épître écrite dans nos cœurs, connue et   lue de tous les hommes: **2 Corin 3: 2**

v. Informations sur votre église / ministère: Votre site Web fournira au monde des informations sur votre église / ministère que les gens voudront connaître pour interagir avec vous. La plupart des gens qui veulent en savoir plus sur votre église / ministère chercheront plus d'informations en ligne.

vi. Toujours disponible: Votre site Web est toujours disponible 24 heures sur 24 et 7 jours sur 7 sur Internet pour fournir des informations. Les gens peuvent visiter à tout moment du jour ou de la nuit et trouver toutes les informations qu'ils ont des questions sur votre église/ ministère. Vous n'êtes pas limité aux heures de bureau de l'église pour partager des informations sur votre église / ministère.

vii. Légitimité et crédibilité: le fait d'avoir un site Web renforce la crédibilité de votre église/ministère et renforce la perception de vos activités par les gens. Les gens peuvent facilement chercher pour vous en ligne.

Certaines personnes ne croiront pas que votre église/ministère existe ou accomplit les grandes œuvres que vous accomplissez avant de voir que vous avez un site Web en ligne informant le monde de votre église/ministère.

viii. Renforce la confiance du public: De nombreuses personnes et organisations qui souhaitent interagir avec vous pourront le faire en toute confiance, car la création d'un site Web renforce la confiance du public pour votre église/ministère.

Et Jésus sortit avec ses disciples dans les villes de

Césarée de Philippe; en passant, il interrogea ses disciples, leur disant: Qui dit-on que je suis? **Marc 8: 27**

ix. Interaction publique: Un site Web fournit des informations que les gens peuvent consulter et décider d'interagir ou non avec votre église/ministère.

x. Réseau au-delà des médias sociaux: Tous vos médias sociaux peuvent pointer vers le site Web de votre église / ministère, de sorte que les personnes qui vous trouvent sur l'une de vos plateformes de médias sociaux puissent accéder à votre site Web pour en savoir plus sur vous. Les personnes qui ne sont pas aussi sur les médias sociaux peuvent consulter le site Web de votre église / ministère.

b. Pages du site de votre église

Lorsque vous avez décidé de configurer le site Web de votre église / ministère et que vous avez choisi un nom de domaine mémorable et facile à retenir pour votre site Web, que mettez-vous sur les pages de votre site Web?

Vous avez peut-être vu et aimé différents sites Web de grandes églises qui ont beaucoup de pages et de contenus tels que des blogs, des pages d'événements et des pages d'activités, mais si vous ne pouvez pas gérer autant de pages et que vous pouvez y ajouter du nouveau contenu chaque semaine, il vaut mieux ne pas en avoir. autant de pages sur votre site web.

Commencez petit avec ce que j'appelle les 5 pages de base. Vous pouvez toujours ajouter plus de pages à mesure que vous grandissez ou avez besoin de pages.

Ce sont ce que j'appelle les 5 pages de base

i. Accueil/Bienvenue page

ii. À propos de nous page

iii. Nos ministres page

iv. Nos services et

v. Nous contacter page

REMARQUE: Laissez le logo, l'adresse et les liens des médias sociaux de votre église ou de votre ministère sur toutes les pages de votre site Web, car vous ne savez pas sur quelle page un visiteur peut se trouver lorsqu'il visite votre site Web.

i. Accueil/Page d'accueil: Votre page d'accueil est généralement la page de destination de votre site Web et probablement la première page que les visiteurs verront lorsqu'ils visiteront votre site Web.

Vous voulez le rendre accueillant et attrayant. Mettez de belles images d'action de l'église ou du ministère, des images de pasteurs, de ministres et de membres souriants devant la caméra ou de différents événements de l'église/du ministère sur la page d'accueil.

Pour votre rédaction sur la page, commencez par une brève bienvenue et un aperçu de ce qu'est le ministère/mission de l'église et de la façon dont vous affectez des vies dans votre communauté et dans le monde entier.

ii. À propos de nous: La page à propos de nous est souvent l'une des pages les plus visitées de tous les sites Web. Les gens veulent en savoir plus sur l'église/le ministère, ce en quoi vous croyez et votre histoire.

Sur cette page, vous devriez écrire sur la vision de votre ministère/église, la mission et les convictions fondamentales de l'église/ministère. Vous pouvez le faire sous forme de puce afin qu'elle soit facile à lire. Vous devriez également décrire brièvement qui sont les fondateurs de l'église / du ministère, pourquoi et comment votre ministère / église a été fondé.

Indiquez également toute caractéristique spéciale de votre église / ministère qui vous distingue des autres églises / ministères et qui rendra bénéfique pour le visiteur de s'associer à votre église / ministère.

iii. La page Nos ministres: La page Nos ministres est la page destinée à présenter aux visiteurs les pasteurs et les responsables de différents départements de l'église. Les visiteurs de votre site Web veulent en savoir plus sur les personnes responsables de l'administration de l'église/du ministère.

De nombreuses personnes décident d'assister à une église ou de se connecter à un ministère à cause des personnes qui gèrent la section d'assistance pastorale et qui gèrent les différentes sections de l'église/du ministère.

Les personnes qui aiment la musique souhaitent savoir qui dirige le ministère de la musique dans votre église. Les parents souhaitent savoir qui est responsable du ministère des enfants. Les parents d'enfants adolescents cherchent un pasteur de jeunesse dynamique pour l'église à laquelle ils souhaitent assister et s'engagent avec eux

Sur cette page, des images souriantes de chacun des pasteurs et des chefs des différentes sections de l'église/du ministère.

Pour créer un environnement proche et convivial au lieu de simplement écrire une brève information sur chaque personne sous sa photo, vous pouvez demander à chaque personne d'écrire quelque chose sur elle-même afin que les visiteurs sachent à propos des personnes qui dirigent l'église directement à partir d'eux.

iv. La page Nos services: La page Nos services est une page importante pour votre site Web car c'est sur cette page que vous donnez aux visiteurs des informations sur vos heures de service le dimanche et les heures et lieux de service en milieu de semaine et sur d'autres activités de l'église/ministère.

Sur cette page, vous devez inclure des informations sur toutes réunions de prière, événements spéciaux ou manifestations d'évangélisation spéciaux auxquels le public peut assister. Spécifiez s'il s'agit d'événements hebdomadaires, trimestriels ou autres que vous ayez.

Assurez-vous de spécifier les heures et les lieux de chaque événement s'ils ne se déroulent pas dans le lieu général de culte ou de réunion de l'église/du ministère.

REMARQUE: Nouveaux visiteurs: la page Nos services de votre site Web est une excellente page pour informer les visiteurs de la façon dont vous recevez les nouveaux visiteurs qui souhaitent venir visiter et assister à l'un de vos services / événements.

Donnez-leur des informations importantes sur l'endroit où garer leur voiture, sur la durée du service, sur l'accueil des visiteurs pour la première fois (le cas échéant) et sur les modalités de dépose et de prise en charge des bébés et des enfants dans l'église des enfants et des jeunes. information du ministère.

Cette information est très utile pour les visiteurs pour la première fois et les encouragera à visiter l'un de vos services.

v. Contactez-nous: Votre page de contact présente aux visiteurs de votre site Web toutes les manières dont ils peuvent entrer en contact avec votre église / ministère.

Assurez-vous d'inclure sur cette page tous vos comptes de médias sociaux, votre adresse postale, vos numéros de téléphone et de télécopieur, votre adresse électronique, ainsi que les heures de bureau de l'église et les heures de conseil.

Vous pouvez inclure un formulaire de contact que les gens peuvent remplir et envoyer, ainsi que la liste de toutes les informations ci-dessus.

REMARQUE:

Votre numéro de téléphone officiel, votre adresse de courrier électronique, ainsi que vos adresse physique et postale, doivent être indiqués en bas de page de toutes les pages de votre site Web.

c. Sites mobiles

Il est très important que votre site Web soit compatible avec les appareils mobiles (ce qui signifie qu'il peut être consulté facilement sur un appareil mobile). Je parlerai davantage des sites Web mobiles et des statistiques des utilisateurs mobiles dans la section sur les sites Web mobiles et les applications mobiles ci-dessous.

NOTES:

POUR LE MINISTÈRE ET L'ÉVANGÉLISATION GLOBALE

Sites Web personnels et sites religieux:

Vous devez décider si vous, en tant que pasteur ou pasteur, voulez avoir votre propre site Web personnel en votre nom en tant que site Web distinct du site Web de l'église.

Le site Web de l'église contiendra de nombreuses informations sur son emplacement, son administration, ses services, ses activités et ses événements, tandis que votre site Web personnel se concentrera davantage sur vous en tant que ministre et votre ministère personnel.

Cela présente des avantages, car votre nom de domaine aura sa propre URL. Les gens peuvent rechercher votre nom sur Internet. Vous pouvez inclure plus d'informations sur vous-même, vos livres, vos sermons et votre itératif de prédication et d'enseignement sur votre site web personnel.

4. PLATEFORMES DE MÉDIAS SOCIAUX

Il est important que vous soyez sur les médias sociaux en tant qu'église/ministère et dans d'autres sections de ce livre, je vous ai expliqué pourquoi. Nous allons passer en revue l'historique et les caractéristiques de certaines des plateformes de médias sociaux les plus populaires et expliquer comment configurer votre compte sur celles-ci dans les chapitres ci-dessous.

a. Comment identifier les plateformes de médias sociaux

Avec autant de sites Web de réseautage sur Internet, il est parfois difficile de déterminer quels sites sont des sites de réseautage de médias sociaux et lesquels ne le sont pas.

Voici quelques caractéristiques communes des sites de médias sociaux que vous pouvez utiliser pour savoir si un site entre dans la catégorie des médias sociaux ou non.

i. Comptes d'utilisateur personnels: La plupart des sites de médias sociaux permettent aux visiteurs de créer leurs propres comptes d'utilisateur personnels auxquels ils peuvent se connecter. Le premier signe que vous utiliseriez pour indiquer si le site permet aux visiteurs de le faire est le signe que le site peut être utilisé pour des interactions sociales.

ii.   Pages de profil individuel: Les sites de médias sociaux permettent aux utilisateurs individuels de créer des pages de profil afin de communiquer sur eux-mêmes avec les autres. Ces pages de profil incluront des informations sur l'utilisateur individuel, telles qu'une photo de profil, sur lui-même, sur son site Web, sur le flux de publications récentes, sur des recommandations, sur des activités récentes, etc.

iii.   Personnalisation du compte d'utilisateur: Les sites de médias sociaux donnent généralement à leurs utilisateurs la possibilité de configurer leurs paramètres d'utilisateur et de personnaliser leurs pages de profil pour leur donner une apparence particulière. Ils leur permettent également de gérer la façon dont ils voient les informations qu'ils voient dans leur fil d'information, d'organiser leurs amis et leurs abonnés et de donner leur avis sur ce qu'ils veulent et ne veulent pas voir.ré.

iv. Pages de profil d'entreprise: Les sites de médias sociaux permettent aux utilisateurs individuels de créer des pages de profil pour leurs entreprises, leurs organisations ou leurs marques afin de communiquer sur leurs activités. Ces pages de profil d'entreprise contiendront des informations sur les entreprises ou l'organisation, leur logo, leur personnalité, leur site Web, les flux de leurs publications récentes, leurs recommandations, leurs activités récentes, etc.

v. Groupes: Les sites de médias sociaux permettent généralement aux individus de créer des groupes pour leurs causes communes et des sujets d'intérêt que les membres du groupe peuvent interagir avec d'autres

vi. Connexions et interactions: Les plateformes de

médias sociaux permettent aux titulaires de comptes d'inviter des amis et des abonnés à aimer leurs comptes. Si vous pouvez créer un compte sur le site, créer des groupes et utiliser un hashtag pour regrouper vos publications, le site est un site de réseau social. En effet, les individus et les organisations peuvent utiliser leurs comptes pour se connecter à d'autres utilisateurs. Ils peuvent également les utiliser pour s'abonner à certaines formes d'informations

vii. Comme les boutons et les sections de commentaires: Deux autres signes d'un site de réseau social qui nous permettent d'interagir avec d'autres utilisateurs sont la possibilité d'utiliser des boutons sur celui-ci pour "aimer" les messages d'autres utilisateurs, ainsi que la possibilité de commenter d'autres utilisateurs. des postes.

viii. Publication, enregistrement et mise à jour Informations: Un autre signe d'un site de réseau social est celui qui vous permet de publier un commentaire, qu'il s'agisse d'un message basé sur un test, ou de télécharger une photo, un lien vers un article ou tout autre élément de votre choix, que vous possédiez un compte ne pas.

ix. Notifications et flux de nouvelles: Les plates-formes de médias sociaux mettent à jour les informations destinées aux utilisateurs de la plate-forme à partir des personnes qu'elles ont ajoutées à leurs comptes via leur flux de nouvelles. Ils envoient également des notifications d'activités du compte associé à d'autres utilisateurs au titulaire du compte.

Les titulaires de compte sur ces sites ont un contrôle total sur ces notifications et peuvent choisir les types de notifications qu'ils souhaitent recevoir et lesquels ils ne le souhaitent pas.

x. Système de notation, de révision ou de vote: Les sites de médias sociaux et les applications s'appuient sur les efforts collectifs des titulaires de compte pour réviser, évaluer et voter les informations qu'ils connaissent ou qu'ils ont utilisées.

Les résultats de ces fonctionnalités les aident beaucoup plus que l'analyse des goûts et commentaires sur des problèmes pour leur donner l'opinion de la communauté sur n'importe quel problème ou sujet.

b. Les plateformes de médias sociaux les plus populaires

En tant que ministre ou dirigeant d'église qui cherche à exploiter les médias sociaux pour en tirer parti, il est utile de connaître les sites de médias sociaux les plus populaires. Cela vous permettra d'élaborer une stratégie pour maximiser votre portée sur les médias sociaux, dialoguer avec les bonnes personnes et atteindre vos objectifs en matière de médias sociaux.

Jetons un coup d'œil à certaines des plateformes de médias sociaux les plus populaires. Voici un extrait du Top 8 des sites de médias sociaux les plus populaires parmi **les 21 sites de médias sociaux les plus populaires en 2019,** écrits par Alfred Lua et initialement écrits le 24 janvier 2019. Mis à jour le 24 janvier 2019

i. Facebook - avec une moyenne mensuelle de 2,23 milliards d'utilisateurs - www.facebook.com -

Facebook est le plus grand site de médias sociaux du monde, avec plus de deux milliards de personnes l'utilisant chaque mois. C'est presque le tiers de la population mondiale! Plus de 65 millions d'entreprises utilisent les pages Facebook et plus de six millions d'annonceurs faisant la promotion de leur entreprise sur Facebook. N'oubliez pas d'optimiser votre contenu pour mobile, puisque 94% des utilisateurs de Facebook accèdent à Facebook via l'application mobile.

NOTES
POUR LES ÉGLISES ET LES MINISTÈRES

Ce que vous pouvez faire avec facebook pour exercer un ministère.

- Vous pouvez partager des clips vidéo de votre service de culte le week-end et poster de courts extraits du sermon.
- Vous pouvez créer des groupes facebook pour différents petits groupes, ministères ou classes d'étude biblique afin d'aider les membres à rester en contact.
- Vous pouvez promouvoir votre prochain anniversaire, événement de sensibilisation ou relance auprès d'un groupe démographique spécifique de votre communauté par le biais de la publicité payée.
- Vous pouvez programmer une émission hebdomadaire «Facebook Live».
- Vous pouvez publier des articles de promotion sur le matériel de votre ministère, des livres, des CD audio et des CD vidéo avec des images et de courts clips vidéo.

ii. YouTube - Avec 1.9 milliard d'utilisateurs moyens mensuels - www.youtube.com

YouTube est une plate-forme de partage de vidéos où les utilisateurs regardent des milliards de vidéos chaque jour. En plus d'être le deuxième plus grand site de médias sociaux, YouTube (qui appartient à Google) est également souvent appelé le deuxième moteur de recherche après Google.

Vous pouvez configurer une chaîne sur YouTube pour promouvoir votre église/ministère. Vous pouvez télécharger des vidéos pour que vos abonnés les voient, aiment, commentent et partagent. Vous pouvez également faire de la publicité sur la plateforme.

NOTES

POUR LES ÉGLISES ET LES MINISTÈRES:

Ce que vous pouvez faire avec Youtube pour exercer un ministère.

- Vouspouvez utiliser YouTube pour diffuser vos services de culte le week-end,

- Vous pouvez encourager chaque département de votre église (par exemple, les jeunes, les églises d'enfants, les célibataires, les groupes de mariage, la chorale, etc.) à créer une liste de lecture pour leurs activités dans les canaux de votre église sur des sujets qui les intéressent).

- Vous pouvez commencer une dévotion vidéo hebdomadaire ou quotidienne.

iii. WhatsApp - avec 1,5 milliard d'utilisateurs moyens mensuels - www.whatsapp.com

Whatsapp est une application de messagerie utilisée par des personnes de plus de 180 pays. À l'origine, WhatsApp n'était utilisé que par des personnes pour communiquer avec leur famille et leurs amis. Peu à peu, les gens ont commencé à communiquer avec les entreprises via WhatsApp.

WhatsApp a développé sa plate-forme commerciale pour permettre aux entreprises de disposer d'un profil professionnel approprié, de fournir un support client et de partager avec leurs clients les mises à jour concernant leurs achats. Pour les petites entreprises, il a créé l'application WhatsApp Business, tandis que pour les moyennes et grandes entreprises, il existe l'API WhatsApp Business.

POUR LES ÉGLISES ET LES MINISTÈRES:

Ce que vous pouvez faire avec Whatsapp pour exercer votre ministère.

- Vous pouvez utiliser Whatsapp pour créer des groupes pour la classe de nouveaux membres, la formation des travailleurs, l'étude de la Bible et les petits groupes de l'église/du ministère.

- Vous pouvez créer une application d'entreprise pour votre église/ministère afin de promouvoir vos activités et de vous connecter davantage avec vos disciples.

iv. Messenger - avec 1,3 milliard d'utilisateurs en moyenne mensuelle - www.messenger.com

Messenger était une fonction de messagerie au sein de Facebook. En 2011, Facebook a transformé Messenger en une application autonome à part entière et a considérablement élargi ses fonctionnalités. Les entreprises peuvent désormais publier des annonces, créer des chatbots, envoyer des newsletters et plus encore sur Messenger. Ces fonctionnalités ont offert aux entreprises une multitude de nouveaux moyens de nouer des contacts et de se connecter avec leurs clients.

NOTES

POUR LES ÉGLISES ET LES MINISTÈRES:

Ce que vous pouvez faire avec Messenger pour exercer votre ministère.Vous pouvez utiliser les différentes fonctionnalités de Messenger pour créer des groupes avec lesquels envoyer des mises à jour régulières et envoyer des bulletins d'information sur les églises et les ministères.

- Vous pouvez faire des appels audio et vidéo à vos paroissiens.
- Vous pouvez également envoyer des messages aux membres de l'église/du ministère ou aux sympathisants.

v. WeChat - avec 1,06 milliard d'utilisateurs en moyenne mensuelle- www.wechat.com/en/

WeChat est une plate-forme tout-en-un qui est née d'une application de messagerie, tout comme WhatsApp et Messenger, qui est la plus populaire en Chine et dans certaines régions d'Asie.

Outre la messagerie et les appels, les utilisateurs peuvent désormais utiliser WeChat pour faire des achats en ligne, effectuer des paiements hors ligne, transférer des fonds, faire des réservations, réserver des taxis, etc. Si vous faites des affaires dans ces domaines (où les plateformes de médias sociaux telles que Facebook sont interdites), WeChat pourrait être une bonne   alternative.

NOTES

POUR LES ÉGLISES ET LES MINISTÈRES:

Ce que vous pouvez faire avec WeChat pour exercer votre ministère.

Les statistiques démographiques mondiales ci-dessus montrent que la Chine est le pays le plus peuplé du monde, avec 1 420 098 653 habitants. De plus, 700 680 000 de cette population ne sont affiliés à aucune religion. Ce nombre représente 52,2% de la population de la Chine et 62,2% de la population mondiale non affiliée à une religion.

WeChat devient donc un outil important pour toute église ou tout ministre désireux de se rapprocher de la Chine et d'autres pays d'Asie qui composent 1,06 milliard d'utilisateurs de la plateforme.

Vous devez connaître les différents pays d'Asie couverts par WeChat.

Vous devez créer un compte sur WeChat et commencer à dialoguer avec les utilisateurs de la plate-forme si vous souhaitez administrer et connecter des personnes avec des personnes vivant en Chine et dans ces régions d'Asie.

Sachez que WeChat est fortement surveillé par le gouvernement chinois, car il appartient à Tencent Ltd, une société chinoise basée à Shenzhen, en Chine.

vi. Instagram - avec 1 milliard d'utilisateurs en moyenne mensuelle - www.instagram.com

Instagram est une application de médias sociaux pour le partage de photos et de vidéos. Il vous permet de partager un large éventail de contenus tels que des photos, des vidéos, des histoires et des vidéos en direct. Il a également récemment lancé IGTV pour les vidéos plus longues.

En tant que marque utilisant instagram, vous pouvez avoir un profil commercial Instagram, qui fournira un compte commercial avec une analyse détaillée de son profil et de ses publications et lui donnera la possibilité de programmer des publications Instagram à l'aide d'outils tiers.

POUR LES ÉGLISES ET LES MINISTÈRES:

Ce que vous pouvez faire avec Instagram pour exercer votre ministère.

- Vous devez configurer un compte professionnel pour votre église/ministère, ce qui vous permettra d'accéder à l'outil d'analyse pour vous donner un aperçu de la performance de vos publications.

- Vous pouvez également configurer votre compte sur l'un des outils tiers que vous décidez d'utiliser pour vous aider à systématiser et à régulariser vos publications sur la plateforme.

- Vous devriez publier régulièrement sur votre compte des photos actives et engageantes de vos services religieux ou de vos événements ministériels.

vii. QQ - avec 861 millions d'utilisateurs en moyenne mensuelle - www.imqq.com

QQ est une plate-forme de messagerie instantanée extrêmement appréciée des jeunes Chinois. (Il est utilisé dans 80 pays et également disponible dans de nombreuses autres langues).

Outre ses fonctionnalités de messagerie instantanée, il permet également aux utilisateurs de décorer leurs avatars, de regarder des films, de jouer à des jeux en ligne, de faire des achats en ligne, de créer un blog et de payer. C'était autrefois la principale plateforme de médias sociaux en Chine, puis WeChat, une application de messagerie de la même société mère, a été créée et a pris sa place.

NOTES

POUR LES ÉGLISES ET LES MINISTÈRES:

Ce que vous pouvez faire avec QQ pour exercer un ministère.

Il existe une version internationale de QQ appelée QQ international, vous pouvez télécharger la version internationale et enregistrer votre compte. Elle a presque les mêmes fonctions que QQ utilisé en Chine. Une fois que vous avez un compte, vous pouvez également l'utiliser en Chine lorsque vous allez en Chine et vérifiez avec le numéro de téléphone à l'étranger.

La version internationale QQ contient jusqu'à 6 versions linguistiques, dont l'anglais, le français, le japonais, l'allemand, le coréen et l'espagnol, etc.

Vous pouvez utiliser votre compte pour entrer en contact avec des personnes en Chine.

Sachez que QQ, tout comme WeChat, est également surveillé de près par le gouvernement chinois, car les deux plates-formes appartiennent à Tencent Ltd., une société chinoise basée à Shenzhen, en Chine.

viii. Tumblr - avec 642 millions d'utilisateurs mensuels en moyenne - www.tumblr.com

Tumblr est un site de microblogging et de réseautage social permettant de partager du texte, des photos, des liens, des vidéos, des audios, etc. Les gens partagent un large éventail de choses sur Tumblr, des photos de chat à l'art en passant par la mode.

À la surface, un blog Tumblr peut ressembler à n'importe quel site Web. Tant de blogs que vous rencontrez en ligne pourraient utiliser Tumblr!

NOTES

POUR LES ÉGLISES ET LES MINISTÈRES:

Ce que vous pouvez faire avec Tumblr comme ministre

La création d'un compte sur cette plate-forme vous donnera accès aux personnes qui l'utilisent.

Culled de la liste des 22 meilleurs sites de médias sociaux

Crédit: *La liste des 22 principaux sites de médias sociaux est compilée par Statista.Le nombre mensuel d'utilisateurs actifs a été tiré des sites Web suivants:* **Facebook** *(au 30 juin 2018),* **YouTube** *(au 20 juillet 2018),* **WhatsApp** *(au 31 janvier 2018),* **Messenger** *(au 1 er février 2018),* **WeChat** *(au 15 août 2018),* **Instagram** *(au 20 juin 2018),* **QQ** *(en mars 2017), Tumblr (estimé juillet 2018),*

- Source d'information:
https://buffer.com/library/social-media-sites

c. Statistiques de temps d'utilisation des médias sociaux

Alors enseigne-nous à compter nos jours, afin que nous puissions appliquer notre cœur à la sagesse **Ps 90:12**

Parmi les plateformes de médias sociaux les plus populaires d'aujourd'hui, les utilisateurs dépensent les moyennes quotidiennes suivantes:

- **YouTube**: 40 minutes
- **Facebook**: 35 minutes
- **Snapchat**: 25 minutes
- **Instagram**: 15 minutes
- **Twitter:** 1 minute

Au cours d'une vie, cela correspond à la répartition suivante sur les plateformes et les applications de médias sociaux populaires:

- **YouTube**: 1 an et 10 mois
- **Facebook:** 1 an et 7 mois

- **Snapchat**: 1 an, 2 mois
- **Instagram**: 8 mois
- **Twitter:** 18 jours

- **Source d'informations:**
https://mediakix.com/blog/how-much-time-is-spent-on-social-media-lifetime/#gs.2gyo97

d. A quel réseau devez-vous vous inscrire en premier?

Personne ne peut répondre à cette question pour vous. Pour chaque église / ministère, cette question recevra une réponse différente en fonction de la situation particulière de chaque église / ministère.

Facebook est aujourd'hui le plus grand réseau social en ligne avec plus de **2.38 milliards d'utilisateurs.** La plupart des membres de notre église / ministère sont déjà sur Facebook. De nombreuses églises et ministères ont également créé des comptes Facebook pour leurs églises et leurs ministères. Il est donc prudent de dire que Facebook devrait être la première plate-forme sur laquelle ouvrir un compte pour votre église / ministère.

En raison de l'influence des images et des vidéos sur les yeux et les esprits humains et de leur impact sur les gens, les deux prochaines plates-formes à prendre en compte pour que nous puissions créer des comptes pour notre église/ministère seraient **YouTube** et **Instagram.**

Nous entrerons dans plus d'informations sur ces 3 plates-formes un peu plus tard pour voir pourquoi et comment nous devrions les considérer comme les premières plates-formes de médias sociaux pour lesquelles vous en tant qu'église / ministère établissez des comptes.

e. Attention pour les médias sociaux

Nous devons faire preuve de prudence lorsque nous traitons avec les médias sociaux dans deux domaines. Ce sont dans les domaines d'activité sur les médias sociaux et les images.

i. Vous devez être actif sur les médias sociaux

Les médias sociaux sont où la majorité des gens se trouvent aujourd'hui, il est donc important d'être actif sur les médias sociaux pour pouvoir rencontrer les gens là où ils se trouvent.

L'une des plus grandes erreurs que vous puissiez commettre sur les réseaux sociaux est d'ouvrir un compte, puis de le laisser tranquille sans activité. Ouvrir simplement un compte pour votre église / ministère ne suffit pas pour dire que vous êtes sur les médias sociaux, vous devez interagir et dialoguer avec les gens à ce sujet et poster périodiquement dessus.

Un compte de réseau social en veille donne une impression négative de vous ou de votre ministère. Il est préférable de ne pas avoir ouvert le compte de média social ni mis l'icône de média social sur votre site Web si vous ne voulez pas vous engager activement dessus - et de manière active de manière régulière.

Votre objectif doit être de fournir un contenu spirituel édifiant qui soit pertinent pour vos membres ou vos suiveurs et de dialoguer avec eux au point de vouloir partager votre message avec d'autres.

ii. Les images sont importantes

Les images sont très importantes lors de la publication sur les médias sociaux. Les gens pensent en images et se connectent plus rapidement aux images. Nous en traiterons un peu plus en détail dans un autre chapitre.

Les messages avec des images obtiennent une meilleure réponse que ceux sans. Donc, vous devriez toujours inclure une image avec vos messages. Cela augmentera les chances qu'un de vos abonnés partage la publication avec leurs autres réseaux.

Bien que vous souhaitiez créer un vaste réseau d'adeptes, vous devez toujours viser à ce que vos abonnés republient et partagent ce que vous publiez avec leurs autres réseaux. Si les membres des autres réseaux le partagent et le republient également, vous aurez une plus grande portée et pourrez toucher un plus grand nombre de personnes. Ces personnes partageront également votre message avec leurs abonnés, etc.

C'est ce que cela signifie sur les médias sociaux quand on dit qu'un message est devenu "viral". Quand beaucoup de gens trouvent votre contenu pertinent pour eux et le republient sur leurs autres réseaux.

L'affichage et le repostage sont devenus la nouvelle forme de "bouche à oreille" qui a toujours été traditionnellement considérée comme le moyen le plus rapide de diffusion de l'information.

5. STRATÉGIE DE MÉDIAS SOCIAUX

Vous devez avoir une stratégie de médias sociaux pour maintenir votre présence en ligne sur les médias sociaux.

Une stratégie de médias sociaux est essentiellement un résumé de tout ce que vous prévoyez de faire sur les médias sociaux et de ce que vous espérez réaliser avec ces actions. Votre stratégie guide vos actions et vous permet de savoir si vous atteignez vos objectifs ou si vous échouez.

Chaque message, réponse, type de commentaire ou commentaire que vous formulez doit permettre d'atteindre les objectifs ultimes définis dans votre stratégie.

Plus votre stratégie est précise, plus vous serez efficace dans son exécution. Donc, vous devez garder votre stratégie concise et au point.

Ne rendez pas votre plan trop ambitieux et trop vaste pour qu'il devienne inaccessible ou impossible à réaliser ou à mesurer.

Pour qui de vous, qui a l'intention de construire une tour, ne s'assoit pas en premier et compte le coût, s'il en a assez pour le terminer? **Luc 14: 28**

Nous aborderons plus en détail ce sujet dans la section Stratégie de médias sociaux plus loin dans ce livre lorsque nous en reparlerons et discuterons de la manière dont vous pouvez créer votre stratégie de médias sociaux.La stratégie des médias sociaux en une phrase

L'une des meilleures stratégies de médias sociaux que j'ai vu utilisée peut être résumée en une seule phrase -

Utiliser les médias sociaux pour partager l'évangile de Jésus-Christ et faire une réelle différence dans la vie des gens.

La première et la plus grande différence que vous puissiez faire dans la vie d'une personne consiste à déterminer où cette personne passera l'éternité. Partager la parole de Dieu et amener les gens à accepter Jésus-Christ comme leur Seigneur et leur Sauveur le fait.

Mais que dit-il? La parole est proche de toi, même dans ta bouche et dans ton coeur. C'est la parole de la foi que nous prêchons. **Romains 10: 8**

La deuxième et continue différence de temps de vie que vous pouvez faire dans la vie d'une personne consiste à la discerner en lui fournissant constamment des informations spirituelles édifiantes.

Ce faisant, vous renforcerez leur foi et les aiderez à surmonter les différentes vicissitudes de la vie, en leur donnant l'espoir de se concentrer et de continuer à faire vivre leur course sur la terre vers le ciel.

Frères, je ne compte pas moi-même avoir appréhendé; mais je ne fais que ce que je fais, en oubliant les choses qui sont en arrière et en avançant vers les choses qui sont en avant, je me dirige vers la marque pour le prix du grand appel de Dieu en Christ. Jésus. **Phil 3: 13-14**

Si la stratégie des médias sociaux pour votre église ou votre ministère réalise ce qui précède, alors c'est une bonne stratégie.

6. ÉCLAIRAGE ET SON

a. Éclairage

Il n'y a rien qui gâche une grande vidéo comme un éclairage médiocre. Les personnes qui regardent votre vidéo seront désactivées si votre éclairage est de très mauvaise qualité.

Un mauvais éclair est très difficile à corriger en post-production et est très distrayant dans une vidéo. Vous devez enregistrer vos vidéos avec un bon éclairage pour capter et retenir l'attention de vos followers.

Il existe différentes configurations d'éclairage que vous pouvez utiliser lorsque vous enregistrez une vidéo dans le bureau de votre église ou à la maison.

Jetons rapidement un coup d'œil à 3 des plus courants:

i. Installation d'éclairage en deux points: L'éclairage en deux points est l'éclairage le plus simple que vous puissiez faire. Dans ce style, vous utilisez deux éclairages pour vous éclairer vous-même. Vous êtes assis au milieu et placez une lumière chacun à 45 degrés devant vous et la caméra au milieu.

Les 2 lumières s'appellent **a. la touche lumière**, et **b. la lumière de remplissage**. La lumière de touche est la plus brillante des deux lumières et sert de source d'éclairage principale dans la scène. La lumière de remplissage correspond, comme son nom l'indique, à une lumière que la lumière des touches ne couvre pas. Il complète la lampe à clé en éclairant doucement les parties de votre peau qui ne sont pas éclairées par la clé. Il élimine les ombres sombres autour de vous. Assurez-vous que vos lumières d'appoint sont moitié moins lumineuses que vos touches lumineuses.

ii. Configuration d'éclairage à trois points: La configuration d'éclairage à trois points constitue une avancée par rapport au système d'éclairage à deux points. L'enregistrement avec le système d'éclairage à trois points donnera à vos vidéos un aspect vraiment élégant et raffiné.

Encore une fois, tout comme le système d'éclairage à 2 points, vous êtes assis au milieu et faites face à la caméra. Vous avez une lumière à votre gauche et l'autre à votre droite à un angle de 45 degrés. L'un sera la lumière principale et l'autre la lumière de remplissage. Ensuite, vous ajoutez maintenant une troisième lumière qui s'appelle la lumière de la jante (**ou «arrière») derrière** vous pour briller sur vous à un angle de 45 degrés. La lumière de la jante crée des reflets derrière vous et donne un effet poli et professionnel à votre vidéo.

iii. Configuration d'éclairage à quatre points: La configuration d'éclairage à quatre points est identique à la configuration d'éclairage à trois points, avec l'ajout d'un quatrième éclairage appelé éclairage d'arrière-plan. Les voyants de touche, de remplissage et de bord vous éclairent, tandis que le voyant d'arrière-plan éclaire l'arrière-plan.

b. **Son Une vidéo** comporte principalement deux éléments importants: Image (visuel) et **Son (audio).** Lorsque vous enregistrez votre vidéo, il est important de porter une attention particulière aux aspects audio et visuel de votre contenu vidéo, car l'audio est tout aussi important (sinon **plus important**) que la vidéo.

Les microphones intégrés aux caméscopes sont généralement de mauvaise qualité. Ils ne prennent pas toujours bien le son. Lorsque vous enregistrez avec un caméscope, vous pouvez entendre le son du caméscope en cours de lecture.

La qualité sonore de certains ipads et combinés s'améliore à mesure que de nouveaux combinés arrivent sur le marché. Assurez-vous de vérifier votre qualité sonore après l'avoir utilisé pour l'enregistrement.

Lorsque vous enregistrez chez vous ou dans le bureau de votre église, voici 3 choses que vous pouvez faire pour améliorer la qualité sonore de vos vidéos.

i. Utilisez un microphone de haute qualité: Vous pouvez utiliser un microphone externe de haute qualité lorsque vous enregistrez des vidéos. Un type similaire à celui utilisé par les diffuseurs de nouvelles, appelé micro cravate ou cravate. Ce micro est petit et pas vraiment perceptible. Il est particulièrement utile pour enregistrer clairement votre voix dans votre vidéo.

ii. Désactiver la musique: Désactive toute la musique lue sur laquelle vous enregistrez. Il est très difficile d'éditer une telle musique. Il est également difficile de modifier la vidéo si vous enregistrez avec une musique, car il y aura une rupture dans la musique si vous coupez certaines parties de la vidéo pendant le montage. Si vous voulez de la musique dans votre vidéo, il est préférable d'ajouter la musique à l'enregistrement ultérieurement.

iii. Réduisez les bruits de fond: Essayez de réduire les bruits de fond là où vous enregistrez. Fermez toutes les fenêtres ouvertes permettant au son des voitures de passer et aux oiseaux de tweet d'entrer dans votre enregistrement. Dites à vos enfants ou à toute personne se trouvant dans le bâtiment de maintenir une communication vocale basse avec laquelle vous enregistrez, car le bruit affectera la qualité de votre vidéo.

Éteignez les ventilateurs et les réfrigérateurs à proximité afin de ne pas enregistrer leur bourdonnement dans votre vidéo. Les bruits de fond sont très gênants dans une vidéo et peuvent compliquer le processus de montage, faites donc tout votre possible pour les éliminer pendant l'enregistrement.

7. IMAGES ET ÉQUIPEMENT DE CAMÉRA

a. Des photos

Une image vaut mieux que mille mots. C'est le langage de tous les jours. Les gens pensent généralement en images. Ils sont émus par ce qu'ils voient. Nous prenons cet attribut de Dieu comme nous avons été créés à l'image et à la ressemblance de Dieu.

Et Dieu vit tout ce qu'il avait fait, et voici, c'était très bon. Et le soir et le matin furent le sixième jour **Gen 1:31**

Et Dieu dit: Faisons l'homme à notre image, à notre ressemblance: .... **Gen 1: 26**

Et il arriva que, le soir venu, David se leva de son lit et se dirigea vers le toit de la maison du roi. Il aperçut du toit une femme en train de se laver. et la femme était très belle à regarder .. **2 Sam 11: 2**

Pour les plateformes de médias sociaux, les images sont un réel problème. Chaque plateforme de média social exige que le titulaire du compte télécharge une photo de profil sur son compte afin de l'identifier en tant que propriétaire du compte et que les autres utilisateurs puissent s'y connecter.

La photo de votre profil est la première chose que verront la plupart des visiteurs de votre page de médias sociaux, alors faites-en une bonne image de vous-même. Prenez une photo professionnelle et chargez-la comme photo de profil (au lieu d'un "selfie" pris avec votre téléphone) pour créer une meilleure impression.

Les plates-formes de médias sociaux permettent également aux titulaires de compte de télécharger différentes photos sur leur compte pour les photos de couverture et les albums photo.

Assurez-vous que la qualité des images que vous téléchargez est bonne. Plus vos photos sont claires et nettes, plus vos suiveurs aimeront venir sur votre page pour voir les photos de votre dernier événement et suivre votre page.

Chaque plate-forme de médias sociaux spécifiera les tailles et la qualité en pixels des images à télécharger dans différents espaces pour obtenir le meilleur effet possible. Assurez-vous de vous familiariser avec ces spécifications.

b. Équipement de la caméra:

Pour obtenir des images de bonne qualité sur vos médias sociaux, vous devez disposer d'un bon équipement photo.

Débutants: pour commencer, en tant que petit ministre, vous pouvez investir dans un combiné mobile de bonne qualité et/ou dans un ipad ou une tablette dont les caractéristiques de l'appareil photo sont de bonne qualité et que vous pourrez utiliser pour vos photos.Caméra professionnelle: à mesure que votre ministère grandit, vous devez commencer par rechercher des caméras professionnelles abordables et une personne qui étudiera comment prendre des photos avec elle et se consacre à la prendre pour vous lors de vos réunions et événements.

Églises: Les petites églises doivent investir dans un appareil photo professionnel de bonne qualité afin de produire de bonnes images de leurs services et événements.

Édition de photos: Vous devez également obtenir des volontaires de l'église / du ministère qui sont habiles à éditer des photographies (ou disposés à apprendre) et investir un peu de temps pour aider l'église / le ministère à éditer les photos (dans un délai raisonnable après leur prise). Avant qu'ils ne soient téléchargés sur vos plateformes de médias sociaux.

8. ÉQUIPEMENT D'ENREGISTREMENT VIDÉO ET VIDÉO

a. Vidéos:

Une vidéo comporte principalement deux éléments importants: Image (visuel) et **Son (audio).** Lorsque vous enregistrez votre vidéo, il est important de porter une attention particulière aux aspects audio et visuel de votre contenu vidéo.

Paramètre vidéo: Choisissez votre paramètre avec soin. Vous voulez paraître très amical et accessible aux gens. Vous souhaitez vous asseoir et regarder de près la caméra (et non pas vers le bas ou vers le haut) pour maintenir un contact visuel avec les téléspectateurs.

Apparence: Votre apparence compte beaucoup, alors prenez le temps de mettre de l'ordre dans vos cheveux et le pansement que vous porterez. Vous voulez apparaître à l'aise et respectable dans votre vidéo.

Votre visage aussi est important. Les éclairs que vous avez mis pour l'enregistrement génèrent beaucoup de chaleur, de sorte qu'il y a une tendance à transpirer sur votre visage pendant l'enregistrement. Ayez toujours une serviette et de la poudre pour nettoyer la sueur et rafraîchissez-vous entre les pauses pendant l'enregistrement.

Arrière-plan: Vérifiez ce qui se trouve dans le fond de votre appareil photo. Assurez-vous qu'il n'y a rien qui puisse gêner ou que vous ne voudriez pas que le monde entier puisse voir.

Utilisez un mur solide ou un très petit décor mural derrière vous. Vous ne voulez pas avoir un fond occupé qui détournera l'attention du spectateur de la concentration sur vous et le mot que vous essayez de parler dans leur vie.

b. Matériel d'enregistrement vidéo:

Tout comme pour prendre des photos, meilleure est la qualité de votre appareil d'enregistrement vidéo, meilleure sera votre production vidéo.

Débutants: Vous pouvez enregistrer une séquence vidéo parfaite à l'aide de votre appareil mobile. Les nouveaux modèles de combinés Android ont augmenté la qualité vidéo de leurs appareils photo.

Les modèles récents d'Iphones possèdent d'excellents appareils photo de haute qualité capable de réaliser des vidéos de haute qualité.Vous avez juste besoin d'avoir un trépied muni de la tête pouvant contenir votre appareil mobile ou votre ipad pour effectuer votre enregistrement.

Caméras vidéo professionnelles: Au fur et à mesure que votre église / ministère grandit et que votre clientèle grandit, vous souhaitez investir dans l'acquisition de bonnes caméras vidéo professionnelles pour votre enregistrement.

Video Mixer: Si vous décidez d'utiliser plus d'une caméra pour enregistrer vos vidéos, vous devrez vous procurer un mélangeur vidéo pour vous aider à passer d'une caméra à l'autre.

Logiciel de montage vidéo: Vous aurez besoin d'un logiciel de montage vidéo pour peaufiner vos vidéos et lui donner une touche professionnelle avant de les montrer au monde.

Il existe de nombreux logiciels de montage vidéo disponibles sur le marché et chacun offre des fonctionnalités différentes. Vous devez aller en ligne et rechercher les différents logiciels disponibles. Lorsque vous en trouvez une avec laquelle vous êtes à l'aise, procurez-vous-en et utilisez-la pour éditer vos vidéos et y ajouter de la musique et d'autres informations.

Pour les églises et les grands ministères, vous aurez des membres qui sont des vidéographes qualifiés et qui seront disposés à faire du bénévolat pour travailler avec vous. Ils ont peut-être déjà un logiciel d'édition qu'ils maîtrisent et peuvent vous recommander d'acheter pour l'église/le ministère. Vous devriez faire appel à des volontaires pour vous aider dans ce domaine du ministère.

9. DONS EN LIGNE ET PAIEMENTS ÉLECTRONIQUES

Vous devez créer une avenue pour les dons en ligne et électroniques pour votre église/ministère.

Les dons en ligne et électroniques sont un moyen pratique pour les gens de faire des contributions financières à votre église/ministère. Rendre les dons en ligne disponibles sur le site Web de votre église/ministère donne à vos paroissiens et visiteurs la possibilité de faire des dons, des paiements et des promesses par voie électronique sans avoir à se déplacer sur le lieu physique de l'église/du ministère.

L'ouverture de votre église/ministère aux dons en ligne et électroniques augmentera vos dîmes et vos offrandes car cela simplifie le paiement des personnes et leur permet de faire un don depuis le confort de leur maison, leur bureau et même de n'importe où dans le monde.

Les billets pour différentes collectes de fonds et autres activités organisées par votre église/ministère peuvent également être payés via votre site web.

Site Web sécurisé nécessaire

Vous avez besoin d'un site Web sécurisé si vous souhaitez obtenir des fonds en ligne. Dans la section 2 ci-dessus sur les domaines, nous avons parlé de l'importance de payer pour un certificat SSL (Secured Sockets Layer) pour le site Web de votre église/ministère. Cela donnera aux gens beaucoup de réconfort et de confiance pour faire des dons et acheter tout matériel de l'église/du ministère en ligne sur votre site Web.La certification SSL aide vos paroissiens et vos fidèles à gagner la confiance de votre site Web d'église/de ministère qu'ils peuvent vous donner en toute sécurité, sans que leurs informations personnelles soient compromises.

Les 4 principales choses que le visiteur remarquera pour savoir que votre site Web est sécurisé sont:

1. La barre d'adresse aura une couleur d'arrière-plan verte pour indiquer un niveau plus élevé de

vérification de sécurité, appelé validation étendue.

2. Un minuscule cadenas apparaîtra à gauche de la barre de navigation.

3. Une image SSL apparaîtra au bas de la page Web. Vous pouvez demander une image personnalisée à cet effet, mais la plupart des images généralement utilisées contiennent un cadenas avec le signe «SSL» ou «Sécurité» et d'autres informations indiquant qu'un certificat existe pour ce site Web.

4. L'URL de votre site Web commence maintenant par «https» pour indiquer que votre site Web est connecté via un serveur sécurisé.

Portails de dons en ligne et électroniques

Vous devez aller en ligne et rechercher les différentes plateformes offrant des ressources en ligne disponibles pour votre pays et décider de la (des) plateforme (s) que votre église/ministère se sentent à l'aise d'utiliser.

De nombreux pays ont différentes plates-formes fournissant ce service aux organisations commerciales générales qui font du commerce électronique et qui se spécialisent également dans le service des organisations confessionnelles.

Par exemple, aux États-Unis, où je vis, certaines églises s'inscrivent pour utiliser les services de Paypal.com et intégrer le bouton de paiement de leur compte avec la plate-forme sur les sites Web de leurs églises/ministères.

Pour le paiement électronique, certaines églises utilisent les services de fournisseurs de paiement électronique appelés Cash App et Zellepay (qui sont des tierces parties du secteur bancaire), mais leur plate-forme aide leurs titulaires de comptes (particuliers ou personnes morales) à effectuer des virements en ligne directement depuis leur banque. Comptes sur le compte bancaire des églises/ministères.

Tout ce que les titulaires de compte doivent faire lorsqu'ils s'inscrivent à ces services est d'utiliser soit leurs numéros de téléphone et leurs adresses électroniques personnels, soit si les personnes morales utilisent un numéro de téléphone spécifique pour la société OU leur adresse électronique et les joignent à leur compte bancaire et faire des paiements à l'église il suffit de l'envoyer directement sur le compte de l'église/ministère sur la plate-forme afin qu'ils puissent retirer sur le compte de l'église ou directement sur le compte de l'église à la banque.

Stations de balayage ATM

Un autre moyen de paiement électronique que les églises / ministères peuvent utiliser est de configurer des stations de balayage / des guichets automatiques mobiles postés à certains endroits dans les locaux de l'église, où les membres peuvent glisser leurs cartes de crédit ou de débit aux guichets automatiques pour payer par voie électronique.

Il suffit de rechercher et de TROUVER les fournisseurs disponibles pour les passerelles de paiement en ligne et électroniques dans votre pays et les ressources qu'ils fournissent, puis de créer des comptes avec les fournisseurs afin de rendre possible les dons en ligne et électroniques pour votre église / ministère.

La sensibilisation du public

Vous devez attirer l'attention sur votre passerelle de dons en ligne pour que les paroissiens et les étrangers soient conscients des possibilités que vous leur avez offertes de donner en toute sécurité à votre église / ministère.

- Placez les passerelles de paiement sur des parties bien en vue de votre site Web.

- Mettez les informations sur le bulletin de votre église / ministère et sur les documents imprimés
- Incluez-le dans les annonces hebdomadaires de vos services religieux
- Inclure les informations sur vos plateformes de médias sociaux

10. SITES WEB MOBILES ET APPLICATIONS MOBILES

a. Sites mobiles

Comme je l'ai mentionné plus tôt, il est très important aujourd'hui que votre site Web soit compatible avec les appareils mobiles. L'importance vient du fait que plus de la moitié des personnes qui visiteront votre site web le verront depuis leur appareil mobile.

Vous trouverez ci-dessous des statistiques sur l'utilisation du téléphone mobile, qui expliquent pourquoi vous devez vous assurer que votre site Web respecte l'accessibilité mobile.

NOMBRE D'UTILISATEURS MOBILES ET D'UTILISATEURS DE MÉDIAS SOCIAUX EN 2019:

Le "rapport Global Digital 2019" de We are social et Hootesuite, publié au premier trimestre de 2019, révèle également que:

Il existe aujourd'hui **5.11 milliards** d'utilisateurs mobiles uniques dans le monde, soit une augmentation de 100 millions (2%) au cours de la dernière année.

- Il y a **3.48 milliards** d'utilisateurs de médias sociaux en 2019, le total mondial ayant augmenté de 288 millions (9%) depuis la même période l'an dernier.
- En janvier 2019, **3.26 milliards** de personnes

utilisaient les médias sociaux sur des appareils mobiles, avec une croissance de 297 millions de nouveaux utilisateurs, ce qui représente une augmentation de plus de 10% par rapport à l'année précédente.

- Source d'information: https://wearesocial.com/blog/2019/01/digital-2019-global-internet-use-accelerates

NOMBRE DE CONNEXIONS MOBILES DANS LE MONDE EN 2019:

Selon les données du renseignement en temps réel de la GSMA, il y a maintenant plus **de 8.98 milliards de connexions mobiles dans le monde**, ce qui dépasse la population mondiale actuelle **de 7.69 milliards impliquée par les estimations** des analystes numériques de l'ONU.

Il est important d'indiquer que toutes les personnes dans le monde ne disposent pas d'un appareil mobile. Les chiffres sont calculés avec des connexions mobiles provenant de personnes possédant plusieurs appareils, et une fraction avec deux cartes SIM ou d'autres appareils intégrés tels que les voitures.

Sources: données américaines WorldoMeters, GSMA Intelligence

- La source d'information: https://www.bankmycell.com/blog/how-many-phones-are-in-the-world

POURCENTAGE D'UTILISATION DU TÉLÉPHONE PORTABLE DANS LE MONDE:

Selon les informations du département de recherche Statista, éditées pour la dernière fois le 3 mai 2019, environ la moitié du trafic Web dans le monde entier

Au premier trimestre de 2019, les appareils mobiles (à l'exception des tablettes) ont généré **48,71%** du trafic mondial sur les sites Web, oscillant régulièrement autour de 50% depuis le début de 2017.

Trafic mobile:

En raison de la faiblesse des infrastructures et des contraintes financières, de nombreux marchés numériques émergents ont complètement ignoré la phase Internet des ordinateurs de bureau et sont passés directement à Internet mobile via un smartphone et une tablette. L'Inde est un excellent exemple de marché avec une importante population en ligne, première mobile.

Le Nigeria, le Ghana et le Kenya figurent parmi les pays où la part du trafic Internet mobile est importante. Dans la plupart des marchés africains, le mobile représente plus de la moitié du trafic Web. En revanche, le mobile ne représente qu'environ 40% du trafic en ligne aux États-Unis.

Utilisation mobile:

Les activités Internet sur mobile les plus populaires dans le monde incluent le visionnage de films ou de vidéos en ligne, l'utilisation du courrier électronique et l'accès aux médias sociaux.

- La source d'information:
https://www.statista.com/statistics/277125/share-of-website-traffic-coming-from-mobile-devices/

b. Application mobile
Qu'est-ce qu'une application mobile?

Une application mobile ou une application mobile est un programme informatique ou un logiciel conçu pour être exécuté sur un appareil mobile tel qu'un téléphone / une tablette ou une montre.

Les applications étaient initialement destinées à l'assistance à la productivité, telles que la messagerie, le calendrier et les bases de contacts, mais la demande du public en applications a entraîné une expansion rapide dans d'autres domaines tels que les jeux mobiles, l'automatisation des usines, les services GPS et basés sur la localisation, le suivi des commandes et les tickets. achats, de sorte qu'il existe maintenant des millions d'applications disponibles.

Les applications sont généralement téléchargées à partir de plates-formes de distribution d'applications gérées par le propriétaire du système d'exploitation mobile, tel que l'App Store (iOS) ou le Google Play Store. Certaines applications sont gratuites et d'autres ont un prix. Les bénéfices sont partagés entre le créateur de l'application et la plate-forme de distribution.

Les applications mobiles sont souvent autonomes, contrairement aux applications de bureau conçues pour fonctionner sur des ordinateurs de bureau et aux applications Web exécutées dans des navigateurs Web mobiles plutôt que directement sur le périphérique mobile.

- La source d'information:
https://en.wikipedia.org/wiki/Mobile_app

Quelles sont les différences entre un site Web mobile et une application mobile?

Il existe de nombreuses différences entre un site Web mobile et une application mobile, même si les deux sont accessibles sur des appareils de poche tels que les téléphones intelligents (par exemple, iPhone, Android et Blackberry) et les tablettes.

La différence la plus fondamentale entre eux réside dans le fait que, même si les sites Web mobiles fonctionnent sur des navigateurs, les applications mobiles s'exécutent sur votre téléphone. Le site Web mobile a besoin d'Internet actif pour fonctionner sur vos appareils. L'application mobile fonctionne sans Internet actif.

Votre église/ministère devrait-il avoir une application mobile?

Les applications mobiles sont des plateformes incroyablement puissantes. Ils sont utiles pour effectuer différentes tâches qui ne peuvent pas être accomplies efficacement via un navigateur Web.

Cependant, tout en permettant à votre congrégation d'accéder aux informations de votre église/ministère via une application mobile est un énorme avantage, il est sage qu'avant que votre église/ministère commence à planifier la création d'une application mobile afin de prendre en compte le coût de la création d'une application mobile et le budget de l'église/ministère. Quels sont exactement les objectifs pour lesquels vous souhaitez développer une application mobile qu'un site Web mobile ne peut pas atteindre pour vous?

Une application mobile personnalisée construite à partir de rien peut représenter des centaines de milliers de dollars, tandis qu'une application créée à partir d'un modèle peut également représenter des milliers de dollars. C'est de l'argent qui peut être mieux utilisé dans d'autres arriérés de ministère.

Si votre objectif est d'offrir un contenu adapté aux appareils mobiles au plus grand nombre possible de personnes, il suffit d'avoir un site Web mobile et de bien l'utiliser pour informer vos abonnés de vos activités.

Un site Web mobile peut vous aider à développer une présence sur le Web mobile de manière plus rentable qu'une application mobile.

POUR LE MINISTÈRE ET L'ÉVANGÉLISATION GLOBALE

Une fois familiarisé avec ces bases en ligne, vous êtes prêt à vous lancer dans le monde en ligne.

Chapitre 6 Références

Définition d'Internet
https://en.wikipedia.org/wiki/Internet

Nombre d'internautes en 2019
https://wearesocial.com/blog/2019/01/digital-2019-global-
internet-use-accelerates

Définition du World Wide Web
https://en.wikipedia.org/wiki/World_Wide_Web

21 Les sites de médias sociaux les plus populaires en 2019
https://buffer.com/library/social-media-sites

Statistiques d'utilisation des médias sociaux
https://mediakix.com/blog/how-much-time-is-spent-on-
social-media-lifetime/#gs.2gyo97

**Nombre d'utilisateurs de mobiles et d'utilisateurs de médias
sociaux en 2019**
https://wearesocial.com/blog/2019/01/digital-2019-global-
internet-use-accelerates

Nombre de connexions mobiles dans le monde en 2019
https://www.bankmycell.com/blog/how-many-phones-are-
in-the-world

Utilisation mobile:
https://www.statista.com/statistics/277125/share-of-website-
traffic-coming-from-mobile-devices/

Application mobile:
https://en.wikipedia.org/wiki/Mobile_app

Facebook

Facebook est aujourd'hui la plus grande plateforme de médias sociaux du monde. Facebook compte plus de deux milliards d'utilisateurs chaque mois (ce qui représente près du tiers de la population mondiale). Facebook compte plus de 65 millions d'entreprises utilisant des pages Facebook et plus de six millions d'annonceurs faisant la promotion de leur entreprise sur Facebook,

Tous ces faits et d'autres que nous examinerons sous peu font de Facebook la première plate-forme de médias sociaux sur laquelle vous devriez envisager de créer un compte. C'est aussi à cause de ces faits que nous passerons plus de temps à parler de cette plate-forme que les quatre autres que nous verrons dans ce livre et à discuter de la meilleure utilisation possible des fonctionnalités offertes par cette plate-forme pour votre église / ministère. ..

2. FAITS FACEBOOK: HISTORIQUE ET STATISTIQUES

a. L'histoire

Face book est une société américaine à but lucratif et un service de médias sociaux et de réseaux sociaux en ligne basé à Menlo Park, en Californie.

Fondée en 2004, la mission de Facebook est de donner aux gens le pouvoir de bâtir une communauté et de rapprocher le monde. Les gens utilisent Facebook pour rester en contact avec leurs amis et leur famille, pour découvrir ce qui se passe dans le monde, et pour partager et exprimer ce qui compte pour eux. "

Mark Zuckerberg est le PDG de Facebook, qu'il a fondé en 2004 avec ses collègues étudiants et colocataires du Collège de Harvard, Eduardo Saverin, Andrew McCollum, Dustin Moskovitz et Chris Hughes.Le site Web de Facebook a été lancé le 4 février 2004. Facebook est maintenant incontestablement le plus grand réseau social au monde avec plus de deux milliards d'utilisateurs actifs par mois et plus d'un milliard d'utilisateurs actifs par jour.

Selon la mise à jour démographique du premier trimestre (RI du premier trimestre 2019) fournie par Face book les 24 avril 2019 et 15 mai 2019 directement par Face book dans leurs rapports officiels d'informations sur les relations avec les investisseurs à Wall Street.

Au 31 mars 2019, le nombre d'utilisateurs actifs mensuels (utilisateurs moyens mensuels) s'élevait à plus de **2.38 milliards** dans le monde. Il s'agit du nombre total

HISTORIQUE DE CROISSANCE FACEBOOK

Voici quelques événements marquants dans l'histoire de la croissance de Facebook

ANNÉE	UN ÉVÉNEMENT
2004	Facebook lancé comme TheFacebook
2005	Thefacebook a été changé pour Facebook
2006	Les flux de News ont été introduits
2006	Facebook ouvert à tous à partir de 13 ans
2007	Les pages ont été introduites
2008	Le chat Facebook a été introduit
2009	Le bouton Comme a été introduit
2009	Les noms d'utilisateur ont été introduits
2011	Les délais ont été introduits
2011	Le chat Facebook est devenu Facebook Messenger

2012	Le centre d'applications a été lancé
2012	Facebook a acheté Instagram
2013	Facebook a rejoint le Fortune 500
2013	Des hashtags cliquables ont été introduits
2014	Facebook a acheté Whatsapp

de personnes qui utilisent maintenant Facebook, Instagram, WhatsApp ou Messenger en moyenne chaque jour. **(Source: Facebook le 24/04/19)**

1.56 milliard de personnes en moyenne se connectent quotidiennement à Facebook et sont considérées comme des utilisateurs actifs quotidiens (DAU Facebook) pour mars 2019. **(Source: Facebook, le 24/04/19**

- Le nombre moyen de pages, groupes et événements auxquels un utilisateur est connecté est 80.
- 350 millions de photos sont téléchargées chaque jour,
- 14.58 millions de téléchargements de photos par heure,
- 243 000 téléchargements de photos par minute, et
- 4000 téléchargements de photos par seconde.
- 1 million de liens sont partagés toutes les 20 minutes,
- 20 millions de demandes d'amis sont envoyées chaque jour en moyenne
- 3 millions de messages sont envoyés chaque jour en moyenne.
- 55 millions de mises à jour de statut sont effectuées chaque jour.
- Face book est disponible en 101 langues et plus de 300 000 utilisateurs aident à la traduction.

b. Statistiques

Voici quelques statistiques sur Facebook qui vous intéresseront

- **Téléchargement de vidéos**: le contenu vidéo de Facebook comprend à la fois les vidéos téléchargées sur le réseau et les vidéos en streaming en direct. Son audience atteint 8 milliards de vues par jour.

* **Visites quotidiennes**: 74% des personnes qui utilisent Facebook se connectent quotidiennement. Facebook est l'une des premières choses à laquelle ils se connectent au réveil et l'une des dernières choses qu'ils voient avant de se coucher. La moitié d'entre eux consultent Facebook plusieurs fois par jour.

* **Accès des utilisateurs mobiles:** 96% des utilisateurs de Facebook accèdent à Facebook sur mobile. Ils accèdent au réseau via une tablette ou un smartphone

* **Temps moyen passé quotidiennement:** 35 minutes par jour est le temps moyen par jour passé sur Facebook par les utilisateurs.

* **Vidéos visionnées sans son:** 85% de la vidéo est visionnée sans son

Ce que cette information devrait vous guider, c'est que les premières secondes de vos vidéos attirent l'attention de votre spectateur. Vous pouvez également utiliser des superpositions de texte, des mots en gras et des légendes, car vous savez que de nombreuses personnes visionneront d'abord votre vidéo sans son.

Vous devez garder leur attention et les intéresser suffisamment pour vouloir activer le son et regarder votre vidéo en entier

* **Auditoire de vidéo en direct:** les gens passent 3 fois plus de temps à regarder une vidéo en direct qu'une vidéo préenregistrée

Ce que cette information devrait vous guider est de produire des vidéos en direct pour un plus grand engagement. Vous pouvez toujours planifier vos événements en direct et les promouvoir pour un plus grand nombre de téléspectateurs. Je parlerai plus en détail de la diffusion en direct de Facebook dans une autre section du chapitre.

- **Audience Ados:** 51% des adolescents utilisent Facebook

Ce que cette information devrait vous guider est de ne pas concentrer trop d'énergie sur Facebook si vous essayez de toucher des adolescents et des groupes de personnes plus jeunes, car Facebook n'est pas leur premier choix pour s'engager sur une plateforme de médias sociaux.

Quel est le meilleur moment pour poster sur Facebook?
Pour les particuliers:

Selon le rapport de Sprout social, le meilleur moment pour publier des messages sur **Facebook est de 10 à 15 heures en semaine.**

Voici les points de données clés qu'ils ont trouvés pour les meilleurs moments pour publier sur Facebook:

Les meilleures heures pour publier sur Facebook sont le mercredi à 11 heures et à 13 heures.

- Le mercredi est le meilleur jour pour publier sur Facebook.
- Les heures les plus sûres pour poster sont en semaine de 9h à 15h.
- Dimanche a le moins d'engagement pour Facebook pendant la semaine.
- Tôt le matin et le soir, avant 7 heures et après 17 heures avoir le moins d'engagement par jour.

Ce qu'ils ont appris

Comme vous le verrez avec d'autres réseaux sociaux, la mi-semaine est la période de pointe sur Facebook. Le milieu de chaque jour de la semaine, du matin au milieu de l'après-midi, est un moment sûr pour poster, ce qui signifie que l'engagement reste cohérent tout au long de ces périodes.

Tandis que les gens s'enregistrent fréquemment au milieu de

la journée pour voir ce qui se passe, les heures de pointe correspondent aux pauses déjeuner. Lorsque les gens ont plus de temps pour parcourir leurs flux Facebook et fouiller dans des publications intéressantes, l'engagement augmente en conséquence.

Par contre, tard dans la nuit et en début de soirée, les fiançailles sont relativement peu engagées. Bien que les gens puissent s'enregistrer ou publier quelques mises à jour des activités de la fin de semaine au milieu de la journée du samedi, ce n'est pas votre meilleur choix pour atteindre un public.

- Source d'information:
https://sproutsocial.com/insights/best-times-to-post-on-social-media/#times-fb

Pour les non-profits:
Selon le rapport de Sprout social, la meilleure période pour publier des messages sur Facebook à but non lucratif est le mercredi, de 8 à 9 heures.

Facebook est un excellent endroit pour souligner la mission d'une organisation à but non lucratif avec des messages et des discussions plus longs, ainsi que pour attirer l'attention sur les événements à venir. Ils ont constaté que les organisations à but non lucratif sur Facebook rencontraient fréquemment le plus de fiançailles les matins en semaine.

- Le meilleur moment pour les organisations à but non lucratif de publier sur Facebook est le mercredi de 8 à 9 heures.
- Les autres heures d'engagement comprennent le jeudi à 10 heures et le vendredi de 8 à 10 heures.
- Les heures les plus sûres pour poster sont du lundi au vendredi, de 8h à 17h.
- Les samedis et les dimanches sont consacrés au moins de fiançailles par jour, et les durées les plus basses sont de 10 h à 17 h tous les jours.

Lorsque vous publiez sur votre page de profil personnelle, vous pouvez utiliser le meilleur guide des temps pour les fiançailles d'un individu.

Votre église / votre ministère est une organisation à but non lucratif. Par conséquent, lorsque vous publiez pour votre église ou votre ministère, vous pouvez utiliser les heures recommandées pour un engagement maximal et surveiller les analyses pour voir comment se portent vos publications.

- Source d'information:
https://sproutsocial.com/insights/facebook-events/

3. INFORMATIONS SUR FACEBOOK: COMMENT FONCTIONNE FACEBOOK

a. Pages:

i. Page de profil: Votre page personnelle sur Facebook s'appelle votre page de profil.

Facebook exige que vous utilisiez votre vrai nom et votre photo de profil pour votre page de profil. Il est contraire à la politique de Facebook de posséder plusieurs comptes sous des noms différents.

ii. Une page d'entreprise ou d'organisation est appelée **une page de fan.**

Vous devez vous rappeler la différence entre une page personnelle et une page de fan pour des entreprises ou des organisations. Un personnage public ou une célébrité peut avoir une page de fans. Vous devez avoir une page de profil personnelle avant de pouvoir créer une page de fan.

Vous pouvez avoir 3 types de pages sur facebook. Une page personnelle, une page pour vous en tant que personnage public (en tant que pasteur ou ministre) et une page pour votre église / ministère.

b. Gestion de vos pages

i. Vous ouvrez votre page personnelle avec votre email et votre mot de passe et vous êtes le seul à pouvoir accéder à votre page de profil personnelle pour la mettre à jour et y ajouter des informations.

ii. Vous devez avoir une page de profil personnelle pour pouvoir ouvrir une page de fan de personnage public ainsi qu'une page de fan pour votre église/ministère. Vous aurez toujours accès à votre page de fan d'image publique ainsi qu'à votre page de fan d'église/ministère à partir de liens de votre page personnelle.

Vous pouvez affecter d'autres personnes à la gestion de votre personnage public ou de votre page de fan d'église/ministère avec différents niveaux de pouvoirs de ce qu'elles peuvent faire sur la page.

Vous pouvez affecter d'autres personnes aux fonctions d'administrateur et disposer d'un accès complet. Vous pouvez faire n'importe quoi sur la page ou en tant que modérateurs ou simplement contributeurs pour pouvoir ajouter du contenu à votre page d'église/de ministère.

iii. Photos de profil

Une. Lorsque vous configurez une page de profil personnelle, veillez à créer une très bonne photo de profil. Les gens veulent voir avec qui ils se connectent. Assurez-vous également de compléter votre biographie et vos coordonnées.

Assurez-vous de compléter toutes les informations de votre page d'image publique.b. Pour votre page d'église/ministère, indiquez le logo de votre église / ministère sur la photo de profil de la page. Indiquez toutes les informations de votre église/ministère et ajoutez des liens vers votre site Web et toutes vos autres plates-formes de médias sociaux.

iv. Affiches

Face book est pour l'engagement et l'interaction. Faites vos messages brefs et précis. Ne pas écrire de longs messages ou des articles. Publiez de courtes vidéos et photos sur votre timeline. (S'il vous plaît, ne postez pas une heure ou plus de sermons!)

Les gens partagent des contenus contenant des images et des photos plus que de simples messages en texte brut. Encouragez la conversation avec vos visiteurs en posant des questions aux gens.

Le moment de la publication affecte le nombre de personnes qui lisent vos publications. Alors, cherchez le meilleur moment pour poster en postant à différents moments de la journée et voyez la réponse que vous auriez à votre post

Montrez à vos lecteurs des faits et des informations intéressants sur votre église / ministère et ils voudront visiter votre site Web pour en savoir plus sur ce que vous faites.

v. Utiliser des albums photo:

Pour moi, il s'agit de la meilleure fonctionnalité sur Facebook que vous devez utiliser lorsque les gens pensent en images et aiment donc regarder des images.

a. Pour votre page personnelle, créez différents albums photo et organisez-les au fur et à mesure que vous les téléchargez. Ayez un album différent pour des photos personnelles, des photos de famille, des voyages de vacances, des sorties en famille et tout autre événement social que vous organisez.

b. Pour vos pages de ministères ou d'églises, vous devez créer différents albums d'images. Intitulez de manière appropriée les différents albums de vos différents événements - offices du dimanche, anniversaires, conférences, administration de l'église, pasteurs, etc. Vos albums de photos seront à la disposition des visiteurs pour leur expliquer en quoi consiste votre église / ministère.

Astuce: Avoir différentdes albums de photos présentant des images d'événements et de sujets différents montrent un niveau d'organisation et d'attention portée aux détails, tant dans les affaires personnelles que dans les affaires du ministère.

vi. Interaction personnelle:

L'objectif principal de Face Book est de permettre aux gens

d'interagir les uns avec les autres. Vous devez attirer l'attention des gens sur le livre des visages. Ne vous contentez pas de télécharger des publications uniquement sur vos activités et vos pensées. Les gens vont se lasser d'entendre parler de vous tout le temps.

Vous devriez poser des questions, répondre aux publications d'autres personnes, publier des quiz et des sondages d'opinion, faire des commentaires intéressants et poster de la manière habituelle avec laquelle vous parlez dans la vie quotidienne. Les gens veulent communiquer et interagir avec vous personnellement et non avec vous dans une communication officielle en votre qualité officielle de pasteur ou de pasteur.

Gardez les conversations sur votre page fluides en surveillant et en répondant aux commentaires formulés.

vii. Valorisez les commentaires des autres peuples:

Vous devez montrer que vous valorisez les commentaires des autres peuples. Si vous trouvez que les messages publiés par d'autres personnes sont informatifs, intéressants ou intéressants, n'hésitez pas et partagez-les sur votre page. Les gens se sentiront spéciaux lorsque vous partagerez leurs publications.

Lorsque vous partagez les publications d'autres personnes, vous vous adressez à elles et démontrez que vous accordez également de la valeur à leurs commentaires, à leur contenu et aux opinions des autres.

viii. Mettre à jour régulièrement

a. Vos suiveurs viendront sur vos pages tous les jours ou régulièrement pour lire tout nouveau message ou pour savoir ce que vous faites ou ce que se passe dans votre église / ministère. Assurez-vous de mettre à jour et de publier régulièrement sur vos pages afin qu'elles ils peuvent revenir à vos pages s'ils trouvent quelque chose de nouveau et ils ont encore une fois la possibilité de faire des commentaires ou de poser des questions et de rester en contact avec vous

b. Vos membres et partisans visiteront également la page de votre église / ministère pour en savoir plus sur vos événements à venir, les programmes de votre église, les dernières nouveautés ou les dernières nouvelles concernant votre église / votre ministère. Garder votre page à jour régulièrement les incitera à revenir et vous ne perdrez pas leur intérêt.

Lisez la section sur l'engagement plus loin dans ce livre et apprenez les différents types de contenu que vous pouvez avoir sur vos pages qui est engageant et faites-les revenir.

Du contenu comme des jeux-questionnaires, des concours et des cadeaux ou événements passionnants qui encourageront vos abonnés à dialoguer avec vous, en ligne et hors ligne.

ix. Soyez pertinent

une. Publiez du contenu que vos membres et vos abonnés trouveront intéressant, sur lequel nos membres et nos abonnés voudront parler. Affichez des informations et des photos des membres célébrant leurs anniversaires, anniversaires de mariage, remises de diplômes et jalons particuliers. Poster des actions et des photos amusantes prises lors d'événements qui les feront rire et les engageront également.

Assurez-vous de montrer que vous êtes également pertinent et actuel, comme le font les articles sur des sujets sociaux d'actualité dont la plupart des gens parlent, et exposant le point de vue de l'église sur ces sujets.

x. Publier directement sur Facebook

Publiez toujours tout contenu et transférez les photos et vidéos que vous souhaitez directement sur Face book. Cela suscite plus d'engagement que si vous publiez sur des plateformes de gestion de médias sociaux, puis partagez sur Facebook.

Facebook a mis en place des algorithmes qui ne permettront pas à beaucoup de personnes de voir ou d'accéder à la publication si vous ne postez pas directement sur Facebook.

xi. Connectez vos plateformes

Assurez-vous de connecter toutes vos plateformes pour poster automatiquement sur votre page Facebook afin que les autres utilisateurs puissent y accéder facilement et rapidement.

xii. Utilisez facebook Insights

Facebook a un outil puissant appelé Insights qui est un outil très utile pour vous aider à contrôler dans quelle mesure vous avez été capable de faire participer vos abonnés à vos publications. .

Face book Insights vous permet de surveiller votre succès avec vos messages et de voir pourquoi et quand vos activités d'abonnés augmentent ou diminuent.

xiii. Groupes

Face book, vous pouvez créer des groupes avec différents niveaux de confidentialité et de sécurité, tels que des pages de profil personnel. Vous pouvez organiser un groupe autour de n'importe quel sujet ou événement que vous aimez.

Vous pouvez organiser des intérêts autour des missions, des activités de proximité et des événements de service communautaire.

Les groupes peuvent être des groupes **ouverts, fermés ou secrets.**

Pour un groupe ouvert, tout le monde peut voir les membres et les discussions du groupe.

Pour un groupe fermé, tout le monde peut voir le groupe et les membres, mais ne peut pas voir les discussions à moins qu'ils ne demandent à être ajoutés et qu'ils soient acceptés et ajoutés en tant que membres du groupe.

Pour un groupe secret, tout le monde peut voir le groupe mais ne peut pas voir les membres ni les discussions de groupe.

xiv. Événements

Lorsque vous souhaitez promouvoir un événement que vous

rencontrez, vous pouvez configurer une page d'événement pour la date et l'heure spécifiques à laquelle il aura lieu. Vous pouvez ajouter différentes personnes pour co-organiser l'événement. À partir de la page de l'événement, vous et d'autres co-hôtes pouvez inviter des personnes de votre liste d'amis à assister à l'événement.

Vos événements peuvent être publics, privés ou quelque part entre les événements.

xv. Annonces Facebook

Vous pouvez payer pour annoncer sur Face book et toucher un public plus large que vos amis et amis de vos amis. Vous ciblez un certain groupe démographique et renforcez votre poste pour les atteindre.

Cette ressource est un excellent outil à utiliser pour promouvoir vos croisades et votre travail missionnaire auprès de certains groupes démographiques de la région dans laquelle vous organiserez votre événement.

4. COMPTES FACEBOOK: CONFIGURATION DE VOS COMPTES FACEBOOK

i. Votre information - Onglet À propos

a. Pour les profils personnels

La configuration de votre compte Facebook est relativement facile. Pour configurer un profil personnel, vous avez besoin d'un email pour configurer votre compte et un bon mot de passe (consultez la section sur la sécurité Facebook pour des conseils sur la manière de choisir un mot de passe fort).

Lorsque vous configurez votre page de profil personnel, il est important de compléter vos informations personnelles sous l'onglet «À propos de» de votre profil de carnet d'adresses.

L'onglet «À propos de» comporte différentes sections qui donnent un aperçu de vos informations personnelles.

Vous devez mettre à jour les champs suivants:
- Job (ministère)

- Éducation
- Emplacement
- Informations de contact
- Site Internet
- Et le statut de la relation

Chacune des sections ci-dessus peut être développée davantage sur des onglets supplémentaires dans la page À propos de.

Assurez-vous de compléter vos informations de contact. Les gens veulent savoir comment vous contacter

b. **Pour les pages d'église**, la section à propos offre la possibilité d'inclure les informations suivantes:
- Emplacement
- Temps de service
- Date de fondation
- Site Internet
- Et informations de contact

Vous devez prendre le temps de remplir ces sections avec soin, car votre page de membres, suiveurs et visiteurs viendra vous lire qui vous êtes, en quoi vous croyez, où vous vous trouvez et comment ils peuvent vous contacter.

Vous pouvez écrire une longue description «À propos de» de votre église / ministère. Partagez ce que vous faites pour vos membres et pour la communauté et pourquoi ils ont besoin de se connecter à votre église / ministère.

ii. Images-Images

Facebook est le plus grand site de réseautage social aujourd'hui. Vous devez afficher de bonnes images sur vos profils pour que les gens puissent se connecter et s'engager avec vous.

Lors de la création de votre compte, vous devez accorder la plus grande attention à deux photos.

Votre **photo de profil** et votre **photo de couverture**

a. Votre photo de profil

i. La photo de profil de votre carnet de visages est la photo du cercle à gauche de votre profil. C'est la même photo qui apparaît sur les murs des autres personnes et aussi sur leurs pages d'accueil lorsque vousposter.

La meilleure image pour votre photo de profil devrait donc être une photo de face. Si vous pouvez même en faire un headshot pris professionnellement au lieu d'un selfie, ce sera mieux.

ii. L'image de profil de votre page d'entreprise doit correspondre au logo de votre église / ministère.

Qualité et taille de l'image de profil:

L'image que vous choisissez pour votre photo de profil doit également apparaître clairement en taille petite et grande. La taille de l'image doit être: **180 × 180 pixels**

b. Votre photo de couverture de livre

La photo de couverture de votre livre est la grande image rectangulaire qui apparaît derrière la photo de votre profil en haut de votre page. Cette image plus grande attire l'attention et vous permet de faire bonne impression lorsque des visiteurs se présentent sur votre page.

Utilisez cet espace pour présenter vos meilleures photos, vos événements à venir ou des photos d'action de votre ministère.

Qualité et taille des images de couverture Facebook

Vous devez choisir une image très claire et de bonne qualité qui convient à un grand rectangle. La taille de votre image de couverture Facebook doit être de **851 × 315 pixels.**

5. ENGAGEMENT FACEBOOK: CONTENU SUR FACEBOOK POUR AUGMENTER L'ENGAGEMENT

De nombreuses églises utilisent généralement Facebook comme un bulletin virtuel. Ils ne font que répertorier les événements sur leurs pages et ce qui se passe le dimanche suivant. Le problème est que Face book ne fonctionne pas de cette façon. Vous devez publier du contenu intéressant et engager vos commentateurs. Lorsque Facebook constate une faible implication dans les styles de bulletin virtuel des publications, sa portée est réduite. Lorsque cela est répété maintes et maintes fois, l'algorithme Face Book pénalise la page église / ministère et en réduit la portée.

Voici la bonne nouvelle. Lorsque les gens commentent vos messages, cela envoie un signal à Facebook (un signal très important), cela signifie que votre page est pertinente pour votre public. Ensuite, Facebook montrera votre message à plus de gens. Plus vous le ferez, plus votre portée organique augmentera. Plus votre portée organique augmente, plus il y a de chances que les personnes qui ne suivent pas actuellement votre page voient les publications.

L'engagement n'est pas qu'une question d'atteinte. Il s'agit en fait d'engager les personnes qui visitent votre page. Les engager montre que vous êtes intéressé par votre public. C'est tout le sens du social. C'est une conversation à double sens. Pas un monologue ou une émission.

Voici 9 types de questions que vous, en tant que pasteur ou pasteur, pouvez poser sur votre page facebook pour engager vos lecteurs et les amener à réagir à vos messages.

Question #1: Question à compléter

"Remplir les trous. Le passage biblique que je lis en ce moment est _____________ »ou« Complétez les blancs. Mon passage d'Écriture préféré est _____________ "

Avec ce type de questions, votre auditoire n'a plus qu'à remplir un mot. Il est très facile de pouvoir s'arrêter et de répondre, même sur les téléphones mobiles, lorsque les personnes consultent leurs flux.

Question #2: Réponse en un mot

Quelques exemples peuvent être: «À quelle fréquence priez-vous? Quotidien, horaire, hebdomadaire ou mensuel? ". Un autre exemple est "Combien de livres y a-t-il dans l'Ancien Testament 38 ou 39?"

Question #3: Démarreurs de discussion

Vous pouvez avoir des questions courantes posées par votre congrégation et vous pouvez y répondre en organisant une discussion Facebook Live. Ou vous pouvez simplement diriger la question et demander à la communauté ce qu'elle pense.

e.g. Est-il plus facile de faire des offrandes dans le panier d'offres physiquement à l'église ou par paiement en ligne? Qu'est-ce que tu penses?

Question #4: Défis

Vous pouvez demander à vos suiveurs quels sont leurs plus grands obstacles, défis ou peurs.

Quel est le plus grand défi que vous ayez eu à élever vos enfants? Quel est votre plus grand défi au travail? Quels sont les plus grands défis que vous avez rencontrés dans votre cheminement spirituel? Comment avez-vous surmonté les défis de votre vie?

Vous faites peut-être une série sur le rôle parental ou les relations et vous pouvez poser des questions sur le sujet pour éventuellement inviter les gens à se rendre à un service pour entendre davantage de réponses aux questions qu'ils doivent poser.

Question #5: Rêves et aspirations donnés par Dieu

Demandez-leur quelles images ou quels rêves Dieu leur a donnés? Comment ont-ils abouti? Quels rêves as-tu pour ta vie? Quels rêves as-tu pour tes enfants?

Question #6: Sagesse communautaire

Vous pouvez poser des questions qui amènent d'autres personnes à aider les autres.

«Dites-nous vos conseils pour élever des enfants divins?» Comment élevez-vous des enfants avec une spiritualité passionnée? Quels conseils de rencontres as-tu pour honorer Dieu? Avez-vous des conseils financiers/de gérance à partager avec nous?

Vous serez surpris de voir combien de sagesse existe dans votre communauté ecclésiale.

Question #7: Suggestions

Vous pouvez leur demander des suggestions sur ce qu'ils aimeraient voir davantage ou sur la façon dont vous pouvez mieux vous engager avec eux.

Question #8: Inspiration du sermon

Vous prêchez peut-être sur un sujet et vous souhaitez peut-être un aperçu (pas une réponse) des problèmes/problèmes actuels concernant un sujet sur lequel vous parlez.

Dites à vos disciples que vous écrivez un sermon sur un sujet et que vous souhaitez savoir à quels défis ils font face dans ce domaine ou quels conseils ils partageraient à ce sujet.Poser une question connexe peut aider votre congrégation à se sentir incluse, mais cela vous aidera également à vous donner une perspective différente sur le sujet sur lequel vous prêchez.

Question #9: Comment pouvons-nous prier pour vous?

Demandez comment vous pouvez les aider et priez pour eux. C'est une occasion très engageante et authentique de servir votre communauté et au-delà.

SUR UNE NOTE FINALE:
Engagez les commentateurs et construisez des relations

Si vous allez poser des questions, assurez-vous d'être en mesure de discuter des réponses. Cela montre que vous êtes réellement intéressé et que vous souhaitez interagir.

L'avantage supplémentaire ici est que cela envoie également

un signal très positif à l'algorithme Facebook, ce qui signifie que la portée organique de votre page augmentera si vous êtes cohérent dans cette pratique.

6. SÉCURITÉ SUR FACEBOOK: 

Comment rester en sécurité sur Face book -12 conseils

Depuis son lancement le 4 février 2004, Facebook est devenu le site de réseautage social le plus populaire avec plus d'un milliard de comptes (2,38 milliards d'utilisateurs de comptes mensuels à compter du premier trimestre 2019) et continue de croître.

Aujourd'hui, presque tout le monde a son propre compte Face Book pour communiquer avec ses amis, sa famille et les différentes communautés, groupes et organisations auxquels il appartient. Les personnalités publiques et les célébrités ont également leurs propres pages pour se promouvoir et se connecter avec leurs fans et leurs partisans.

Facebook pour les entreprises a également grandi avec les entreprises, les organisations et les organisations à but non lucratif ouvrant leurs propres pages pour promouvoir leurs activités, leurs produits, leurs marques et leurs causes.

En tant que pasteur/ministre, vous devriez avoir votre propre page personnelle sur Facebook et votre église/ministère sur Facebook. Les gens y viennent et consultent vos pages car ils pensent qu'ils interagissent avec vous et votre organisation.

Mais personne ne se demande si leur compte Face book est sécurisé ou non, ni dans quelle mesure ils sont en sécurité sur Face book, et prennent des mesures pour éviter que leurs comptes ne soient piratés.

Votre page Facebook peut être endommagée de tant de façons. Par exemple, les logiciels malveillants, les vidéos de spam, les liens inconnus qui sont injectés par les cybercriminels pour piéger les comptes Facebook, pour accéder à votre compte à votre insu.

Récemment, beaucoup de gens se sont plaints de la pornographie devenant progressivement une caractéristique dominante de Facebook. Les pages Facebook de nombreuses personnes honnêtes ont été recouvertes de vidéos illicites, qui ne sont certainement pas sollicitées.

Le fait que les propriétaires des pages Facebook ignorent parfois que leurs comptes ont été piratés est encore plus douloureux. Souvent, des pirates informatiques utilisent des comptes de victimes innocentes pour placer de la pornographie sur les pages de leurs amis victimes ou sollicitent l'argent de leurs amis sous prétexte qu'ils sont bloqués quelque part ou qu'ils ont besoin d'argent pour des problèmes personnels ou médicaux urgents.

Pour les pasteurs et les ministres, lorsque leurs comptes sont piratés, les pirates informatiques envoient des messages à tous leurs contacts pour leur envoyer de l'argent indiquant qu'ils ont besoin de fonds pour mener à bien un projet de construction ou pour nourrir les orphelins ou les veuves, ou sont bloqués dans un pays étranger où ils ont fait un travail missionnaire et ont besoin de fonds pour rentrer chez eux. Ce qui est douloureux, c'est que beaucoup croient et envoient les fonds avant d'être informés que le compte a été piraté.

À ce stade, alors que Facebook offre des conseils sur la protection de votre compte, **il n'existe encore aucun logiciel pour sécuriser votre compte**. Le but de cette section de ce livre est donc de vous donner quelques conseils à suivre qui vous aideront à rester en sécurité sur Facebook et à éviter que votre compte ne soit piraté.

Ce sont 12 conseils principaux que vous devez savoir pour sécuriser votre compte Face book.

i. Configuration et modification de votre mot de passe fréquemment: Assurez-vous que vous n'utilisez pas de mots simples, mais faciles à deviner, lors de la configuration de votre mot de passe.

Laissez votre mot de passe long d'environ 12 caractères et combinez les majuscules et les minuscules, ainsi que les symboles et caractères spéciaux. Cela rend votre mot de passe très fort et rend pratiquement impossible l'accès à votre compte par des utilisateurs non autorisés.

Changer votre mot de passe fréquemment est également l'une des meilleures choses pour protéger votre compte.

N'utilisez pas le même mot de passe que vous utilisez pour vos autres activités en ligne pour votre compte Facebook.

ii. Paramètre de confidentialité du compte: Définissez les paramètres de confidentialité de votre compte de manière à ce que rien ne soit inséré dans votre calendrier sans votre approbation.

Personne ne peut vous taguer sur une photo ou poster quoi que ce soit sur votre mur. il sera placé dans votre boîte pour que vous puissiez l'approuver et le rendre visible sur votre ligne de temps ou vous pouvez décider de le cacher à votre place. Vous pouvez le faire depuis la zone de paramètres de votre compte Facebook.

iii. Consultez régulièrement votre page Facebook: soyez vigilant avec votre compte Facebook. C'est VOTRE compte Facebook, et personne d'autre. Les gens vont croire que tout ce qui se trouve sur votre mur a été placé par vous ou que vous en avez donné la permission. Donc, ne vous contentez pas de lire les dernières nouvelles ou les notifications et les événements ou les sections anniversaire uniquement lorsque vous vous connectez à votre compte Facebook.

Vérifiez votre calendrier et votre page Facebook de temps en temps pour voir si vous recevez des messages indésirables sur votre page. Si vous trouvez un message offensant et non sollicité sur votre mur, vous pouvez le signaler à Facebook, qui l'examinera, le supprimera et vous le rapportera. Vous pouvez également désapprouver une telle personne qui a placé un tel message sur votre mur.

iv. Ne pas accepter la demande d'ami émanant d'inconnues: Nous voulons avoir des milliers d'amis sur nos pages Facebook afin d'accroître notre influence, alors que je ne sais pas pourquoi beaucoup de personnes sur Facebook en ajoutent d'autres en tant qu'amis, même lorsque ils ne les connaissent pas ou ne connaissent pas leur visage. Mon conseil est le suivant: N'acceptez pas les demandes d'amitié de personnes inconnues.

Si vous acceptez les demandes d'amis de personnes que vous ne connaissez pas, vous exposez vos informations personnelles à des pirates potentiels.

v. Autorisations d'application: Chaque fois que vous souhaitez ajouter une application à votre compte, assurez-vous de lire attentivement ce que vous donnez l'autorisation avant d'accepter. Sur Facebook, il existe de nombreuses applications (dont certaines sont les plus dangereuses) car elles peuvent accéder à votre compte à votre insu, même lorsque vous n'êtes pas actif sur Facebook. Il est préférable de lire attentivement les autorisations que vous accordez avant de donner l'autorisation à cette application.

vi. Méfiez-vous des spammeurs: Sur Facebook, il existe de nombreux liens vidéo indésirables créés par des spammeurs. Le réseau social est le meilleur choix pour diffuser une vidéo ou une information. Les spammeurs choisissent donc Facebook pour diffuser des liens. Si, malheureusement, vous cliquez sur l'un de ces liens, il peut accéder à votre compte et le commenter quelque part à votre insu. Les spammeurs ciblent les autres utilisateurs de Facebook pour diffuser leurs liens spammés.

Méfiez-vous des vidéos ou des images qui vous demandent de vous connecter à l'aide de votre compte Facebook avant d'y accéder. Supprimez immédiatement la vidéo ou l'image pour empêcher l'activation des liens qu'ils ont incorporés dans la vidéo ou l'image, pour accéder à votre compte et pour pouvoir publier des éléments sur vos contacts à votre insu.

vii. Messages de Facebook: Si vous avez des pages Facebook, vous pouvez parfois recevoir des messages tels que des messages de «l'équipe de sécurité de Facebook» ou «de l'équipe pour rendre votre page plus sécurisée» et vous inviter à cliquer sur ce lien.

NE CLIQUEZ PAS sur ce message. Ce message contient des liens créés par des cybercriminels pour voler votre page Facebook. Il est donc plus sûr et préférable d'ignorer ce type de message.

viii. Notifications de mise à niveau: Surveillez les notifications de mise à niveau pour les codecs lorsque vous démarrez une vidéo ou que vous regardez une vidéo. La vidéo peut vous demander de mettre à jour un plugin vidéo ou un codec pour pouvoir lire ou regarder la vidéo correctement. **NE CLIQUEZ PAS sur le lien pour mettre à jour ou télécharger la mise à jour.**

En fait, ceux-ci sont déjà bloqués par un antivirus sur votre système, car ces codecs sont des chevaux de Troie susceptibles de nuire à votre compte. Si vous voulez vraiment mettre à jour vos codecs vidéo, allez sur les sites officiels par votre propre recherche et obtenez le plugin vidéo ou les mises à jour de codecs.

ix. Notifications d'activation: Vous pouvez toujours activer la notification de connexion depuis votre zone de paramètres. Ainsi, chaque fois que vous vous connectez à votre compte, vous recevez un e-mail de Facebook vous informant de l'heure, de la date et du navigateur auxquels vous vous êtes connecté. Compte.

x. Ajoutez votre numéro de téléphone: Ajoutez votre numéro de téléphone à votre compte et ne le rendez **visible que pour moi**. Si vous rencontrez un problème avec votre compte, vous pouvez facilement le récupérer en saisissant le code envoyé par Facebook.

Veillez à ne pas laisser votre numéro de téléphone visible, car les cybercriminels peuvent accéder à votre numéro de téléphone.

xi. Ajouter une question de sécurité: L'ajout d'une question de sécurité est une autre option pour récupérer votre compte Facebook en cas de piratage ou d'oubli de votre mot de passe.

Ajoutez une réponse unique que vous ne connaissez que.Assurez-vous de garder cette réponse en mémoire de manière à pouvoir récupérer votre compte lorsque vous perdez votre compte.

xii. Vérification en 2 étapes: Ajoutez une exigence de vérification en 2 étapes pour tout accès à votre compte Face book à partir d'un nouveau navigateur / appareil. Dans la procédure de vérification en deux étapes, vous devez saisir le mot de passe du compte Facebook et la seconde étape consiste à saisir un code généré aléatoirement sur votre téléphone mobile sous forme de sms ou sur votre application. Facebook appelle cette vérification en 2 étapes «Approbations de connexion».

Remarque: Face book fournit une vérification en deux étapes pour les pays limités uniquement. Cette fonctionnalité n'est pas disponible dans tous les pays.

Activez ces 12 astuces et vous aurez pris des mesures actives pour protéger votre compte Face book.

Je suis fermement convaincu que votre compte Face book est un média social que vous pouvez utiliser efficacement pour prendre votre église, votre ministère ou votre organisation et pour vous rendre GLOBAL!

En vous souhaitant la meilleure expérience sur Facebook ...... BE SAFE!

7. FACE BOOK LIVE:

COMMENT UTILISER AVEC SUCCÈS FACE BOOK LIVE

Facebook a lancé le service en direct Face book en 2016 pour promouvoir le contenu vidéo dans le fil d'actualité.

Le service Live book live est un service de diffusion de vidéos en direct qui permet à quiconque de diffuser des vidéos en direct depuis son appareil mobile directement dans son fil d'actualités Face book.

Face book live est un excellent moyen d'utiliser le pouvoir de la vidéo en direct pour établir un contact direct et établir des relations authentiques et intimes avec des personnes comme vous et vos followers.

Si vous souhaitez rejoindre les millions de personnes qui utilisent Face book Live pour promouvoir leurs ministères et leurs organisations, vous devez apprendre à bien l'utiliser et à utiliser des techniques qui peuvent faire une grande différence quant au nombre de personnes qui voient votre émission en direct, comment ils y participent, et comment cela fonctionne si vous voulez tirer le meilleur parti de la plate-forme.

Vous trouverez ci-dessous un guide expliquant comment tirer le meilleur parti des services **Face book Live**

a. Avant de commencer vos émissions

Ou quel roi, qui va faire la guerre à un autre roi, ne s'assied pas en premier, et se demande s'il peut, avec dix mille, rencontrer celui qui se présentera contre lui avec vingt mille? **Luc 14:31**

Pour avoir une émission réussie qui touchera beaucoup de personnes et aura un impact, vous devez planifier vos émissions.

Voici 5 étapes de base que vous pouvez suivre pour préparer vos émissions.

Étape 1. Donnez un nom à votre émission et spécifiez les détails

Et l'Éternel Dieu forma hors de la terre chaque bête des champs et chaque oiseau des airs; et les a amenés à Adam pour voir comment il les appellerait; et tout ce que Adam a appelé toute créature vivante, tel était son nom. **Genèse 2:19**

Donnez un nom à votre émission. Chaque émission doit avoir un nom par lequel elle peut être identifiée par ses adeptes.

Également écrire brièvement **3 choses principales sur vos émissions**

a. Quel sera le contenu de vos émissions (thème principal)

b. Qui est votre public cible pour la diffusion (âge et démographie)

c. Quelle sera la durée, la fréquence de vos émissions et les jours et heures (10/15/30/60 minutes, 2-5 fois par semaine ou par jour, le matin, l'après-midi ou le soir)

Jours et heures de diffusion: Spécifier les jours, l'heure et la durée de la diffusion vous aidera dans votre diffusion.

Si votre public cible est les mères au foyer, votre temps de diffusion en direct sera différent de celui de votre auditoire cible, et certainement si il est destiné aux personnes âgées et aux retraités.

Durée de diffusion: Bien que vous puissiez obtenir la participation de Face book et gagner de l'argent grâce à Face book lorsqu'ils placent des publicités sur votre flux en direct si vous diffusez en continu pendant plus d'une heure et que plus de 3 000 téléspectateurs regardent votre flux en direct, j Pour commencer, il est préférable de commencer par des émissions plus courtes jusqu'à ce que vous obteniez une audience et un public suivis avant d'augmenter la longueur de vos émissions.

Étape 2: Préparez votre ensemble de diffusion

Vous devez vous procurer un bel ensemble pour que les gens

puissent vous regarder. Votre passé et l'allégement de votre décor comptent beaucoup. Les gens sont désactivés si l'éclairage de votre flux en direct est mauvais et si votre réglage est peu attrayant.

Demandez de l'aide professionnelle à ce sujet si vous en avez besoin pour pouvoir avoir un impact sur vos émissions. N'oubliez pas que votre public en ligne est déjà habitué à regarder des vidéos présentant un certain niveau de production.Vous ne pouvez pas engager vos téléspectateurs d'adeptes avec votre émission en direct si votre production est de mauvaise qualité.

Étape 3: **Préparez votre garde-robe et votre apparence**

Apparence: Vous devez préparer votre garde-robe pour chaque émission. Les gens vous voient d'abord avant de vous entendre. Vous ne voulez pas les empêcher de vous regarder et de profiter des paroles de Dieu par la bouche, par votre pauvre pansement ou par le soin de votre visage et de vos cheveux.

Les couleurs mono vives conviennent aux hauts plutôt qu'aux hauts multicolores ou décapés.

Apparence: Vous devez également être conscient de votre visage que vous le gardez propre et poudré afin qu'il ne transpire pas pendant vos émissions en direct.

Étape 4: **Concevez une carte postale/un dépliant pour votre émission**

Demandez à un graphiste de concevoir un dépliant attractif pour votre émission, indiquant le nom de l'émission ainsi que les dates et heures de diffusion de vos émissions en direct.

Vous pouvez partager cette carte postale/ce dépliant sur les pages de votre carnet de notes et sur d'autres plates-formes de médias sociaux. Vous pouvez partager la carte postale/le dépliant avec vos amis et vos abonnés et l'envoyer également par e-mail ou par SMS pour les informer de vos émissions en direct.

Disposer d'une carte postale/dépliant conçue que vous pouvez partager pour vos émissions facilite la tâche de vos amis et de vos abonnés pour faire connaître vos émissions en rediffusant simplement le dépliant/la carte postale sur leurs propres pages et sur les autres plates-formes de réseaux sociaux.

Étape 5: Faites la promotion de votre émission

Vous souhaitez que les gens regardent vos émissions en direct, il est donc important de les promouvoir.

La première consiste à publier la carte postale/le dépliant sur la page de votre carnet de notes et à les partager quelques jours avant la journée de radiodiffusion. Une autre méthode consiste à demander à vos amis et à vos suiveurs de partager également la carte postale/le dépliant.

Vous pouvez également placer une annonce payée pour les émissions à l'aide des services de publipostage.

Une fois que vous pourrez définir correctement vos données démographiques dans les paramètres des annonces de type Facebook, vous pourrez promouvoir votre émission plus de mille fois plus que la portée naturelle de la publication sur votre page de type Facebook.

b. Diffusion sur Face book Live

L'un des principaux moyens de dissuasion de la création de contenu vidéo a toujours été le coût d'achat de caméras vidéo de bonne qualité.

Face book live a supprimé ce gros moyen de dissuasion. Vous pouvez utiliser votre appareil mobile pour diffuser sur Face book en direct, que vous ayez un téléphone iOS ou Android, vous pouvez l'utiliser pour vos émissions en direct.

Tout ce que vous faites est de sortir votre téléphone mobile/tablette, d'ouvrir l'application Face book et de suivre les étapes suivantes.

Étape 1: Accédez à votre propre profil de livre Face.

Accédez à votre profil personnel sur Facebook et ouvrez la barre d'état en cliquant sur l'image du stylo, comme si vous alliez écrire un nouveau message.

Étape 2: Appuyez sur l'icône "Live"
Pour commencer votre émission, appuyez sur l'icône "Live",
qui ressemble à une silhouette humaine.

Étape 3: Donnez accès au carnet de visages
Lorsque vous y êtes invité, donnez à Facebook l'accès à votre
caméra et à votre microphone lorsque vous y êtes invité. Ces
invites s'arrêteront après la première utilisation.

Étape 4: Appuyez sur le bouton bleu «Continuer».
Vous verrez un bouton bleu portant le mot «continuer» sur la page
d'introduction. Allez-y et appuyez sur le bouton. Ne vous
inquiétez pas si vous appuyez sur le bouton "Continuer" car cela
ne lancera pas l'enregistrement en direct.
Les prochaines étapes consisteront à préparer votre vidéo en
direct avant de commencer.

Étape 5: Choisissez votre paramètre de confidentialité.
Vous avez différents paramètres pour votre diffusion. vous
voulez choisir le réglage "Public" parce que vous voulez que tout le
monde puisse regarder votre émission.
    Si vous êtes nouveau dans Face book Live et que vous
souhaitez d'abord l'essayer et voir si vous aimez la vidéo avant de
la rendre publique, vous pouvez basculer le paramètre de
confidentialité sur "Only Me".
    Vous pouvez trouver l'option "Only Me" en cliquant sur "More"
et en défilant jusqu'en bas.

Étape 6: écrivez une description convaincante.
Donnez à votre émission une description. La description
s'affichera dans les fils d'actualité des internautes, comme une
mise à jour de statut située au-dessus de la vidéo.
    Ecrivez un titre qui attire l'attention pour amener les gens à

syntoniser votre émission et pour les aider à comprendre en quoi consiste votre émission.

Étape 7: Configurez l'affichage de votre caméra: Vous devez cliquer sur un bouton avec le bouton "Go Live" avant de pouvoir diffuser. Avant de cliquer dessus, assurez-vous que votre caméra est dirigée vers vous, dans la direction souhaitée. L'arrière-plan de votre écran de configuration vous montrera ce que voit votre caméra.

Si vous souhaitez modifier la vue de la caméra en mode selfie ou inversement, cliquez simplement sur l'icône des flèches tournantes située dans le coin supérieur droit de votre écran.

Remarque: La vidéo sera un carré. Ainsi, que vous teniez votre appareil mobile à la verticale ou à l'horizontale.

Étape 8: Vérifications de dernière minute avant de passer au "Live"

Avant de cliquer sur le bouton bleu "Go Live" pour lancer la diffusion, vous effectuez vos vérifications de dernière minute. En vous assurant que vous êtes assis dans la bonne position, votre visage et votre pansement sont dans le bon ordre. C'est le moment où vous nettoyez votre visage si vous transpirez et faites les ajustements nécessaires.

Une fois que vous avez cliqué sur le bouton **"Go Live",** Face book vous affichera un compte à rebours - "3, 2, 1 ..." - et vous serez alors en direct.

Dès que vous commencez à diffuser, votre vidéo en direct apparaîtra dans votre fil d'actualités - et celui d'autres personnes - exactement comme n'importe quel autre message.
Notez que Face book classe actuellement les vidéos en direct plus élevées que les autres vidéos.)

Vous pouvez diffuser aussi longtemps que vous le souhaitez. Gardez à l'esprit que plus vous diffuserez longtemps, plus les personnes parcourant leur carnet de nouvelles sur le visage tomberont sur votre message.

Étape 9: Interagissez avec vos téléspectateurs et vos commentateurs.

Pendant que vous diffusez en direct, assurez-vous d'interagir avec vos téléspectateurs et de les garder engagés. Bienvenue à ceux qui se connectent. Dites-leur de partager la vidéo. Dites-leur le sujet que vous allez partager dans votre émission en direct aujourd'hui. Cela aidera votre classement dans les fils de nouvelles des autres.

Vous pouvez également interagir avec eux en leur parlant directement lors de la diffusion. Vous pouvez également demander à quelqu'un d'autre de répondre à leurs commentaires depuis un ordinateur de bureau ailleurs.

Commentaires des téléspectateurs: pendant que vous diffusez, vous verrez le temps écoulé en haut à gauche, ainsi que le nombre de téléspectateurs, et les commentaires apparaîtront en direct au bas de votre flux.Les commentaires apparaîtront dans l'ordre chronologique inverse, alors gardez à l'esprit que les premiers peuvent être plus bas.

Blocage et déblocage des téléspectateurs: si quelqu'un fait un commentaire que vous n'aimez pas pendant votre diffusion, vous pouvez bloquer le téléspectateur pendant votre diffusion en direct en appuyant sur la photo de profil à côté du commentaire du téléspectateur, puis sur "Bloquer". Vous pouvez également débloquer une personne que vous avez déjà bloquée lors d'une émission en direct.

Étape 10: Mettez fin à votre émission

Merci à vos téléspectateurs et à vos suiveurs d'avoir regardé votre émission. Dites-leur comment ils peuvent vous contacter pour plus d'informations. Vous devriez également leur dire comment ils peuvent regarder la retransmission de votre émission.

Finalement, faites-leur savoir quand vous revenez pour une

autre diffusion en direct afin qu'ils puissent la sauvegarder pour la syntoniser à nouveau afin de vous regarder la prochaine fois que vous passerez en direct.

Pour mettre fin à votre diffusion, cliquez sur le bouton **"Terminer"**. Une fois cette opération effectuée, la vidéo restera sur votre timeline ou votre page, comme toute autre publication vidéo.

Étape 11: Enregistrez la vidéo sur votre pellicule. Une fois que vous avez terminé votre diffusion, vous verrez un écran qui vous proposera diverses options d'utilisation de votre vidéo. Choisissez l'option "enregistrer la vidéo" pour enregistrer votre vidéo diffusée sur votre pellicule afin que vous puissiez conserver une copie de l'original.

Étape 12: Diffusion terminée Vous avez terminé votre diffusion.
Vous pouvez toujours revenir à la publication sur votre timeline ou votre page et modifier la description, modifier les paramètres de confidentialité ou supprimer la vidéo, comme vous le feriez avec toute autre publication.

c. Après avoir diffusé

Vos vidéos diffusées enregistrées sont hébergées sur les serveurs de Face book. Après la diffusion, vous pouvez télécharger votre vidéo sur votre ordinateur afin de pouvoir la télécharger depuis votre ordinateur vers d'autres plates-formes de médias sociaux pour un plus grand nombre de téléspectateurs.

Vous ne pouvez télécharger votre diffusion qu'après la fin de la diffusion en direct et non pendant la diffusion en direct.

Outils de conversion en ligne gratuits: Voici 3 sites Web en ligne gratuits que vous pouvez utiliser pour convertir vos vidéos de diffusion de Face book en fichiers mp4 (vidéo) ou mp3 (audio) et les télécharger gratuitement depuis Face book. Les services fonctionnent pour les ordinateurs, les tablettes et les appareils mobiles.

https://fbdown.net
https://www.getfvid.com
http://www.downfacebook.com

---

8. FACEBOOK ETIQUETTES:
CE QU'IL FAUT FAIRE ET NE PAS FAIRE POUR FACEBOOK

Conseils et directives sur l'étiquetteIl est important de se rappeler que Face book a été créé avant tout comme un réseau social pour aider les utilisateurs à rester connectés les uns aux autres. Les utilisateurs peuvent configurer des pages de profil personnelles sur la plateforme. Ils peuvent également configurer des pages commerciales pour présenter leurs activités et leur organisation et les utiliser pour engager leurs clients, leurs abonnés et leurs visiteurs sur les pages.

L'intention principale de toute personne sur Facebook est d'engager sa famille et ses amis, ainsi qu'avec ses clients et ses abonnés. Il est important de garder cela à l'esprit lors de l'utilisation de la plate-forme Face Book.

Voici quelques astuces et directives sur le livre de visage pour vous aider à utiliser ce livre.

i. Ne pas spammer:

Ne pas spammer les personnes sur le visage. Le spamming consiste à envoyer des messages et des publications à des personnes qui ne sont pas vos amis ou avec qui vous n'avez aucune relation. Ne pas envoyer de spam consiste à ne pas envoyer d'invitations à des événements de masse à partir de votre page de profil personnelle.

ii. Répondez à temps:

Vous devez répondre à temps aux questions ou commentaires de vos membres ou suiveurs.

Il est important de se rappeler que dans les médias sociaux, il est essentiel de réagir à temps.

Vos membres et vos suiveurs attendent des réponses rapides à leurs commentaires ou questions sur les médias sociaux, un moyen de communication plus rapide que par courrier électronique.

Lorsque vous ne répondez pas à temps, vous donnez à vos membres et à vos suiveurs l'impression que vous ne voulez pas y répondre ou que leur question ou leur commentaire n'est pas assez important pour y répondre.

iii. Évitez les mises à jour multiples:

Ne faites pas trop de mises à jour sur une courte période. Cela pourrait vous faire perdre l'attention de vos membres ou de vos suiveurs qui pourraient trouver cette action très ennuyeuse.

Maintenez un calendrier de publication pour votre page afin de pouvoir espacer les temps que vous publiez sur votre page. Avec vos albums photo, il est acceptable que vous téléchargiez différentes photos dans vos albums en peu de temps.

iv. Publier directement dans Face book:

Assurez-vous de poster directement dans Face book. L'algorithme de Face Book se polarise vers la publication qui provient de son propre.

Interface. Bien que de nombreux outils de médias sociaux vous permettent de publier sur Face book, vous obtiendrez les meilleurs résultats en publiant directement sur Facebook à partir de Face book lui-même.

Vous pouvez cependant donner des réponses et des commentaires via un logiciel de gestion sociale sans problème.

v. Vérifiez toujours vos messages:

La section des messages de votre page fonctionne comme une boîte de réception. Les gens peuvent vous envoyer ou envoyer des messages privés à votre page d'église ou de ministère. Vous constaterez que la plupart des messages qui vous sont envoyés seront des demandes de prière ou de conseils auxquels l'expéditeur a immédiatement besoin de l'attention. Il est donc important de vérifier régulièrement vos messages.

vi. Notifications:

La boîte de notifications vous montrera les derniers coups de coeur, commentaires, publications au mur, etc. sur votre page.

Les notifications peuvent aider à suivre l'activité sur des publications plus anciennes. Facebook envoie la plupart du temps une notification des commentaires que vous recevez et des mentions J'aime de vos publications récentes.

vii. Ayez les favoris de la page:

Consultez les pages d'autres églises ou ministères et marquez-les comme favoris sur votre page d'église / ministère. Vous pouvez toujours les suivre facilement et copier le style utilisé dans les publications, ce qui peut être plus efficace pour engager plus de personnes.

viii. Mettez en surbrillance les messages importants:

Vous devez mettre en évidence des mises à jour très importantes concernant votre église ou votre ministère dans le calendrier de vos pages. par exemple. date de fondation, dates anniversaire de l'église, conventions, etc.

ix. Vous pouvez planifier vos publications:

Le carnet de pages permet de programmer des publications directement sur leur plate-forme, ce qui vous permet de les programmer. C'est un bon moyen de programmer la publication de messages à une fréquence régulière.Les messages programmés apparaîtront uniquement aux modérateurs dans le "Journal d'activité".

N'oubliez jamais que l'engagement avec vos suiveurs est un objectif primordial. Par conséquent, vous devrez être présent pour répondre aux réponses données à vos messages.

x. Faites des commentaires à l'aide de @Nom: Si vous souhaitez appeler une autre page Facebook publique ou un autre utilisateur, vous pouvez accéder directement à sa page Facebook en mettant un @, puis en tapant son nom.

Lorsque vous faites cela, il leur signale que vous en parlez (Facebook facilitera également votre sélection grâce à une liste déroulante.) Cela permet de mieux comprendre à qui vous vous adressez dans votre message.

Notez que les utilisateurs privés ne peuvent pas être appelés de cette manière, sauf si vous répondez à un commentaire qu'ils ont laissé sur votre page facebook.

9. SUCCÈS SUR FACEBOOK: COMMENT RÉUSSIR SUR FACE BOOK 

Alors maintenant que vous êtes sur Facebook, vous devez maintenant vous familiariser avec les règles de la plateforme pour vous assurer que vos messages sont vus et que vous réussissez sur la plateforme.

a. Contenu créatif:

Tout ce que vous publiez sur Face book est contenu. Comme nous le savons maintenant avec l'algorithme de fil d'actualité, la manière dont les utilisateurs interagissent avec ce contenu est importante. Chaque élément de contenu que vous publiez sera une occasion d'engager et d'accroître votre nombre de suiveurs.

b. Images:

L'utilisation d'images avec vos publications sur Facebook est très efficace. Les publications avec photos obtiennent en moyenne 30% plus d'engagement. Recherchez toujours une image décrivant le sujet de votre message et joignez-la à votre message.

c. Calendrier de publication:

Votre calendrier - quand et comment vous publiez affecte la façon dont les gens réagissent à votre contenu.

De nombreux utilisateurs de Facebook consultent le site le matin après leur réveil, pendant la pause déjeuner pendant la journée et après le dîner lorsqu'ils sont sur le point d'aller se coucher.

Vous devez tester pour voir quelles heures de la journée sont les plus efficaces pour les publications et à quel moment votre public cherche le plus de contenu.

Assurez-vous de savoir à quelle heure de la journée vos abonnés sont les plus actifs. Lorsque vous vous concentrez sur la publication aux moments où ils sont le plus actifs, vous constaterez une nette amélioration de leur engagement vis-à-vis de vos publications.

d. Faire participer votre public:

Concentrez-vous sur la participation de votre public. Assurez-vous de porter une attention particulière à la structure des phrases, au phrasé et aux types de messages qui intéressent particulièrement votre auditoire.

e. Règles de médias sociaux:

Vous devez définir des règles de médias sociaux pour vous-même et votre équipe de médias sur la manière dont vous utiliserez votre plateforme Facebook pour votre église/ministère.

Vous devez définir dans les règles ce qui sera acceptable pour être posté sur votre page et ce qui sera un contenu inapproprié pour votre page Facebook.

Rendez vos règles et votre position dans les médias sociaux accessibles au public afin que vos membres, vos abonnés et votre communauté sachent ce que vous allez permettre et ne pas autoriser à être posté sur votre page. Ceci établit une ligne de conduite pour ceux qui publieront pour l'église/le ministère sur la page de votre église/ministère et crée un sentiment de sécurité et définit les attentes.

vi. Comportement inapproprié:

Facebook est un espace ouvert et public, vous ne pouvez donc pas contrôler tout ce que les gens disent.

Lorsque des personnes disent des choses inappropriées sur votre page, vous pouvez faire deux choses. Vous pouvez soit supprimer rapidement le commentaire de contenu, soit adresser le commentaire.

Certains messages que vous pouvez immédiatement supprimer sont ceux qui ont un langage offensant ou péjoratif, des commentaires sexuellement explicites ou une attaque malveillante des croyances de votre église/ministère, etc.

Certains messages que vous pouvez commenter au lieu de supprimer peuvent nous arriver lorsque des visiteurs de votre église/ministère se plaignent de quelque chose, commentent de manière négative ou critique la conduite de l'un de vos services. Répondre aidera d'autres personnes qui peuvent aussi avoir des questions sur cet aspect à mieux comprendre l'aspect de votre église/ministère.

Vous n'aimez peut-être pas ce que les gens ont toujours à dire, mais sur les médias sociaux, vous devez toujours écouter.

vii. Engagement:

Vous êtes sur les médias sociaux pour dialoguer avec vos membres et vos abonnés. Vous devez toujours vous rappeler que ce que vous faites est de construire des relations avec vos suiveurs. Vos suiveurs voudront toujours interagir avec vous et ils se mettront en quatre pour le faire.

Vous devez toujours planifier de les engager. Participez à la conversation avec vos membres et suiveurs et profitez pleinement de cette plate-forme.

viii. Répondre à votre public:

Vous devez répondre à votre public de manière opportune. Quand ils feront des commentaires sur vos messages, prenez le temps de répondre car ils attendront avec impatience votre réponse.

Facebook note sur votre page votre taux de réponse qui peut vous aider à savoir comment vous vous en tirez dans ce domaine.

ix. Expérience du public:

Concentrez-vous à rendre agréable l'expérience de vos adeptes sur votre page. Laissez-les accéder à votre page d'église / ministère et obtenir un contenu riche.

Une fois que vos abonnés apprécieront votre contenu et reviendront vous lire plus, vous aurez un groupe d'adhérents fidèles qui vous aideront également à développer votre base d'abonnés. Ils encourageront davantage de personnes à visiter votre page et à lire vos messages.

x. Instructions:

Beaucoup de gens vont consulter votre page Facebook sur votre église/ministère pour savoir qui vous êtes. Assurez-vous de leur demander de consulter le site Web de votre église/ministère pour en savoir plus sur qui vous êtes, vos croyances et vos activités.

Chapitre 7 Références

Les meilleurs moments pour publier sur Facebook des personnes
https://sproutsocial.com/insights/best-times-to-post-on-social-media/#times-fb

Les meilleurs moments pour publier sur Facebook à but non lucratif:
https://sproutsocial.com/insights/facebook-events/

Statistiques d'utilisation des médias sociaux
https://mediakix.com/blog/how-much-time-is-spent-on-social-media-lifetime/#gs.2gyo97

Outils de conversion en ligne gratuits:
https://fbdown.net
https://www.getfvid.com
http://www.downfacebook.com

YouTube

YouTube est aujourd'hui le deuxième plus grand moteur de recherche au monde. C'est également le deuxième site Web le plus victime de trafic derrière Google. Beaucoup de gens vont sur YouTube pour trouver des réponses à leurs questions, faisant de sa section "Comment faire" l'une des 4 catégories de contenu les plus populaires aux côtés de la comédie, de la musique et du divertissement/culture pop. Il y a plus de 500 000 recherches effectuées chaque mois sur YouTube sur la étudier la Bible.

Le fait que YouTube soit actuellement disponible dans plus de 91 pays et dans 80 langues différentes et que la plupart des visiteurs du site proviennent des pays les plus peuplés du monde, aux États-Unis, en Inde, au Japon, en Russie et en Chine, en fait une plate-forme extrêmement complète. que chaque église ou  chaque ministre DEVRAIT ÊTRE EN FONCTION du mandat du royaume, à savoir atteindre les extrémités de la terre.

YouTube est un site Web américain de partage de vidéos basé à San Bruno, en Californie. Le service a été créé par trois anciens employés de PayPal - Chad Hurley, Steve Chen et Jawed Karim - en février 2005.

Hurley avait étudié le design à l'Université d'Indiana en Pennsylvanie et Chen et Karim avaient étudié l'informatique ensemble à l'Université de l'Illinois à Urbana-Champaign.

Google a acheté le site en novembre 2006 pour 1,65 milliard de dollars américains; YouTube est désormais une filiale de Google.

YouTube permet aux utilisateurs de télécharger, d'afficher, d'évaluer, de partager, d'ajouter des favoris, de créer des rapports, de commenter des vidéos et de s'abonner à d'autres utilisateurs. Le contenu disponible comprend des clips vidéo, des clips d'émissions de télévision, des vidéos musicales, des courts métrages et des documentaires, des enregistrements audio, des bandes-annonces et d'autres contenus tels que des blogs vidéo, de courtes vidéos originales et des vidéos éducatives.

La majeure partie du contenu de YouTube a été téléchargée par des particuliers, mais des sociétés de médias telles que CBS, la BBC, Vevo et Hulu proposent une partie de leur contenu via YouTube dans le cadre du programme de partenariat YouTube.

Les utilisateurs non inscrits ne peuvent que regarder des vidéos sur le site, tandis que les utilisateurs enregistrés sont autorisés à télécharger un nombre illimité de vidéos et à ajouter des commentaires à des vidéos. Les vidéos jugées potentiellement offensantes ne sont accessibles qu'aux utilisateurs enregistrés affirmant avoir au moins 18 ans.

- Source d'information
https://en.wikipedia.org/wiki/YouTube

Statistiques YouTube - 2019

Statistiques générales

- YouTube reçoit plus d'un milliard de visites uniques chaque mois.

- Plus de 6 milliards d'heures de vidéo sont visionnées chaque mois.

- 100 heures de vidéo sont téléchargées chaque minute

- Les appareils mobiles représentent plus d'un milliard de vues par jour.

- Selon Nielsen, YouTube touche plus d'adultes américains âgés de 18 à 34 ans que n'importe quel réseau câblé.

- Des milliers de chaînes YouTube font six chiffres par an faits et chiffres.

- La toute première vidéo de YouTube a été téléchargée le 23 avril 2005.

- Le nombre total de personnes qui utilisent YouTube - 1 900 000 000.

- 300 heures de vidéo sont téléchargées sur YouTube chaque minute!.

- Près de 5 milliards de vidéos sont visionnées sur YouTube chaque jour.

- YouTube reçoit plus de 30 millions de visiteurs par jour.

- Le nombre d'heures que les utilisateurs passent à regarder des vidéos (ou regarder du temps) sur

YouTube a augmenté de 60% par rapport à l'année précédente, ce qui représente la croissance la plus rapide observée depuis 2 ans.

- En moyenne par mois, 8 jeunes de 10 à 49 ans sur 10 regardent YouTube.
- D'ici 2025, la moitié des téléspectateurs âgés de moins de 32 ans ne seront pas abonnés à un service de télévision payante.
- 6 personnes sur 10 préfèrent les plateformes vidéo en ligne à la télévision en direct
- Le nombre total d'heures de vidéo visionnées sur YouTube chaque mois - 3,25 milliards.
- Environ 20% des personnes qui commencent votre vidéo partiront après les 10 premières secondes. Vous devez créer une très bonne bonne intro.

Statistiques mobiles.

- Le nombre moyen de visionnages de vidéos YouTube sur mobile par jour est de 1 000 000 000.
- La session de visualisation mobile moyenne dure plus de 40 minutes.
- Les utilisateurs de YouTube mobiles ont passé 40 minutes en moyenne par session, soit une augmentation de plus de 50% par rapport à l'année précédente.
- Plus de la moitié des vues sur YouTube proviennent d'appareils mobiles.
- Les revenus mobiles de YouTube s'élèvent à 2 fois par an.

- Globalement, YouTube et même YouTube sur mobile atteignent plus de 18-34 et 18-49 ans que n'importe quel réseau câblé aux États-Unis.

- Environ 20% des personnes qui commencent votre vidéo partiront après les 10 premières secondes. Créez une sacrément bonne intro.

Source d'information:
https://www.youtube.com/yt/about/press/
https://fortunelords.com/youtube-statistics/
youtube.com/yt/press/statistics.html
statisticbrain.com/youtube-statistics
https://www.thinkwithgoogle.com
Google.com
https://blog.hootsuite.com/youtube-stats-marketers/

4. COMMENT CONFIGURER VOTRE CHAÎNE YOUTUBE

Si votre église/ministère n'a pas de chaîne YouTube, il est temps d'en créer une maintenant. Si vous avez déjà enregistré numériquement vos vidéos de sermons et de ministères d'église, il ne vous reste que quelques étapes pour télécharger des vidéos. Voici comment démarrer la chaîne YouTube de votre église/ministère.

a. Comment démarrer votre chaîne.

1. Accédez à YouTube.com. Dans le coin supérieur droit, cliquez sur «Créer un compte». Cela vous permettra de commencer. La page suivante vous permettra de saisir vos informations.

2. Remplissez les informations. Pour «***Nom***

d'utilisateur», vous pouvez entrer le nom de votre église / minitry.

3. Si vous avez déjà un compte Gmail, vous pouvez simplement vous connecter à un compte existant. Si vous souhaitez créer un nouveau compte, exclusif à votre chaîne YouTube, vous pouvez le faire.

4. Sinon, vous pouvez simplement associer notre adresse Gmail existante à votre chaîne YouTube et vous en servir pour vous connecter à votre chaîne YouTube. Votre compte Google servira de nom de connexion et de nom de compte pour tous vos produits Google, de YouTube à Gmail, Google Drive et Google Analytics.

5. S'il s'agit d'un nouveau compte, vous aurez la possibilité de donner un nom à votre chaîne. Assurez-vous de choisir un nom pour la chaîne YouTube de votre église / ministère que les gens puissent identifier avec votre église. Aussi avec votre marque d'église.

C'est tout ce qu'il faut. Vous êtes enregistré sur YouTube. Vous pouvez désormais commencer à envoyer des vidéos, personnaliser votre page YouTube Church / Ministey et apporter quelques modifications aux préférences.

b. Personnalisez votre page de chaîne.

Tous les canaux se ressemblent lors de leur création. Ce

que vous voulez faire après avoir créé votre canal église / ministère est de personnaliser votre canal avec votre propre marque, logo et couleurs pour vous différencier des autres églises et canaux et vous démarquer.

1. Une fois votre compte créé, vous pourrez accéder à un lien indiquant «Personnalisez votre page de chaîne». Cliquez sur. La page suivante vous donnera un aperçu de votre compte. Ici, vous pourrez voir combien de personnes regardent votre chaîne, voir qui s'abonne et avoir une vue de vos amis YouTube.

2. Dans le menu supérieur, vous pourrez modifier votre compte YouTube. Cliquez sur «Paramètres de chaîne» et assurez-vous que votre chaîne est visible.

3. Cliquez sur «Thèmes et couleurs» pour modifier la couleur et l'apparence de votre chaîne YouTube. Si vous êtes créatif, vous pouvez même créer votre propre look personnalisé.

4. Créez un avatar de chaîne.

YouTube recommande d'utiliser une image de 800 x 800 pixels. Assurez-vous de choisir une image qui sera reconnaissable même avec une taille plus petite. Vous que la photo du devant de l'église ou des photos de groupe de membres

Téléchargez une image de fond de marque.

YouTube entrera automatiquement une image d'arrière-plan pour votre chaîne lors de sa configuration. Les pages de chaîne YouTube sont l'endroit où résident vos vidéos et les informations correspondantes. La taille dont vous avez besoin est de 970 pixels de large. De nombreuses églises téléchargent leur avatar de chaîne mais laissent l'image de fond vierge. Assurez-vous que vous définissez votre propre chaîne pour ajouter l'avatar de votre chaîne.

Lorsque vous créez votre image d'arrière-plan, laissez au centre 970 pixels vierges, cette zone étant masquée par le lecteur vidéo et d'autres informations figurant sur le site.

PSD de fond YouTube:

Vous pouvez économiser du temps et des efforts en recherchant *«PSD en arrière-plan YouTube»* sur Google. Cela fera apparaître des modèles que vous pouvez utiliser dans Photoshop pour créer votre propre arrière-plan personnalisé pour la chaîne YouTube de votre église.

La plupart des églises / ministères oublient de télécharger une image d'arrière-plan, ce qui manque une opportunité d'image de marque pour votre chaîne et la différencie des autres chaînes si vous ne le faites pas. Vous devez remplir cet espace avec des images appropriées de votre église / ministère ou des appels à l'action et l'URL de votre site Web d'église / ministère.

Informations et paramètres: L'onglet suivant dans la zone de configuration des canaux est le champ Informations et paramètres.

Champ de titre: En haut de votre page de chaîne, vous trouverez le champ de titre qui correspond au titre de la page. Les titres de page sont souvent les meilleurs outils de classement des moteurs de recherche. Il est donc important de donner à votre titre de page un titre riche en mots clés et convaincant. par exemple. «Les vidéos de nouveaux croyants de Faith Church» ou les cours sur la parentalité chrétienne libre dispensés par My Faith church »sont de bons exemples

Section Description: Le champ Description vous permet d'expliquer en quoi consiste votre chaîne. Vous devriez envisager d'inclure un appel à l'action tel que «S'abonner maintenant» pour encourager l'engagement et l'abonnement à votre chaîne.

Tags: le champ Tags vous permet de définir, en termes descriptifs, le type de vidéo que vous allez créer.

Onglets: Le dernier onglet de la zone de réglage des canaux est le champ Onglets.

Onglet par défaut: Vous pouvez contrôler l'expérience de vos téléspectateurs ou visiteurs lorsqu'ils visitent votre chaîne en réglant «Onglet par défaut» sur «Onglet en vedette». Lorsque vos téléspectateurs et vos visiteurs visitent notre chaîne, ils verront l'onglet en vedette.

Onglet Vedette: En dessous, vous pouvez cocher la case "Vedette" et choisir une présentation de Aperçu, Vidéo ou tout; le choix nous appartient. Tout comporte une vidéo et vous permet de la lire automatiquement quand quelqu'un arrive.

Edition terminée: Lorsque vous avez terminé, cliquez sur l'onglet "Edition terminée".

Vidéo en vedette: Déplacez-vous maintenant vers la section et cliquez sur le bouton Modifier au-dessus du lecteur vidéo. De là, vous pouvez choisir une vidéo sélectionnée. Vous pouvez sélectionner une vidéo spécifique ou choisir «La vidéo la plus récente dans l'ensemble sélectionné». La vidéo sélectionnée sera automatiquement mise à jour à chaque fois que vous téléchargerez une vidéo et la placerez dans cette liste de lecture.

Vidéo de bienvenue: Pour suggérer à votre téléspectateur et au visiteur de votre chaîne une expérience unique, enregistrez une courte vidéo de bienvenue accueillant le téléspectateur sur votre chaîne, en soulignant les différents types de vidéos que vous avez et en les encourageant à prendre le temps de regarder autour de vous. votre chaîne.

Lecture automatique: Cliquez ensuite sur le bouton Démarrer automatiquement la lecture de la vidéo "et" Empêcher la diffusion des annonces ". Bien que la lecture d'une vidéo commence normalement mal, on s'attend à ce qu'elle soit sur YouTube plus. Les vues supplémentaires peuvent augmenter vos vues et votre classement d'engagement.

Section About: La dernière section à personnaliser est la colonne de droite, ou la section "About". En cliquant sur Modifier, vous pouvez mettre à jour votre description (à nouveau). Vous pouvez également créer des liens avec vos autres médias sociaux et présences en ligne. Il est important pour vous d'inclure tous vos liens appropriés et de vous assurer de créer des liens vers votre site Web d'église.

5. COMMENT UTILISER YOUTUBE POUR L'ÉGLISE/LE MINISTÈRE

YouTube vous offre une formidable opportunité de toucher des personnes du monde numérique auxquelles vous ne pourriez peut-être pas parvenir autrement. C'est pourquoi vous devez utiliser YouTube pour toucher à la fois votre communauté et également pour fournir des informations à ceux qui fréquentent déjà votre église.

Les gens vont souvent consulter votre église / ministère en ligne avant de venir à un service réel ou d'interagir avec vous. Ils vérifieront votre site Web et vos canaux de médias sociaux.

Avoir votre vidéo sur votre chaîne est un excellent moyen de les amener à voir à quoi ressemble un service réel dans votre église ou à quoi servent les activités de votre ministère.C'est pourquoi il est si important de créer et de créer des vidéos sur la chaîne YouTube de votre église.

Voici quelques autres choses que vous pouvez faire avec votre chaîne YouTube.

1. Partager des sermons:

Téléchargez des vidéos de vos sermons pour donner aux gens l'occasion d'entendre ce que vous / votre pasteur sonne. Les gens voudront savoir s'ils aiment le style du pasteur avant de se rendre en personne.

Cela donne également aux membres de votre église l'occasion de relire et d'écouter tout message à tout moment sur la chaîne YouTube. Que vous partagiez le sermon entier ou que vous téléchargiez simplement des faits saillants ou des Écritures, cela aide à mettre en valeur votre église et aide également les membres à se souvenir du sermon.

2. Partager les services:

Vous pouvez diffuser vos services LIVE en direct sur

YouTube pour que les gens les regardent. Vous pouvez également télécharger le service ou les sermons sur votre

3. Partagez des vidéos promotionnelles.

Vous pouvez créer des vidéos sur votre série de sermons, vos événements ou vos activités à venir dans les sermons. Si vous balisez bien votre vidéo et utilisez des mots clés précis, elle sera découverte.

4. Partagez les faits saillants des événements passés.

Vous pouvez partager des vidéos plus anciennes d'événements passés de votre église. Cela donne aux gens une excellente occasion de découvrir comment votre église est impliquée dans la communauté. Lorsque vous publiez une vidéo, étiquetez-la de manière appropriée afin qu'elle puisse être découverte lorsque des personnes recherchent des vidéos similaires.

5. Listes de lecture

Créez des listes de lecture dans votre chaîne pour organiser votre chaîne et rendre l'expérience de visionnage des visiteurs agréable.

Vous pouvez avoir une liste de lecture pour les sermons du pasteur principal, une autre pour les pasteurs invités, une autre pour la session de louange, des drames et playa etx.

Lancez votre chaîne YouTube aujourd'hui et utilisez la puissance de la plate-forme pour toucher les habitants de plus de 80 pays du monde entier.

Chapitre 8 Référence

Histoire de Youtube

https://en.wikipedia.org/wiki/YouTube

Statistiques Youtube

https://www.youtube.com/yt/about/press/

https://fortunelords.com/youtube-statistics/

youtube.com/yt/press/statistics.html

statisticbrain.com/youtube-statistics

https: //www.thinkwithgoogle.com

Google.com

TWITTER

1. INTRODUCTION

Twitter est une plate-forme puissante pour connecter les gens. La plate-forme permet aux inconnus de se réunir autour d'idées et d'intérêts communs et de participer à des conversations allant du plus banal au plus important.

Certains utilisateurs peuvent choisir de vivre essentiellement leur journée sur Twitter, alors que d'autres limitent leurs contributions principalement au partage de contenu.

En tant que ministre ou dirigeant d'église, votre objectif est d'identifier les types d'utilisateurs que vous recherchez et avec lesquels vous allez vous engager et de mieux comprendre comment et pourquoi ils utilisent cet outil. En comprenant leurs motivations derrière l'utilisation du site, vous pourrez cibler vos efforts et votre contenu de manière significative.

2. BREF HISTORIQUE DE TWITTER

Twitter (/ twɪtɪ r /) est un service de nouvelles en ligne et de réseaux sociaux où les utilisateurs postent et interagissent avec des messages, des "tweets", limités à 140 caractères.

Les utilisateurs enregistrés peuvent poster des tweets, mais ceux qui ne sont pas enregistrés ne peuvent que les lire. Les utilisateurs accèdent à Twitter via l'interface de son site Web, un SMS ou une application pour appareil mobile.

Twitter Inc. est basée à San Francisco, en Californie, aux États-Unis, et compte plus de 35 bureaux à travers le monde.

Twitter a été créé en mars 2006 par Jack Dorsey, Noah Glass, Biz Stone et Evan Williams et a été lancé en juillet 2006. Le service a rapidement gagné une popularité mondiale.

En 2012, plus de 100 millions d'utilisateurs ont publié 340 millions de tweets par jour et le service a traité en moyenne 1,6 milliard de requêtes de recherche par jour.

En 2013, il était l'un des dix sites les plus visités et a été décrit comme "le SMS de l'Internet"

En 2016, Twitter comptait plus de 319 millions d'utilisateurs actifs par mois.

Le jour de l'élection présidentielle américaine de 2016, Twitter s'est révélé être la plus grande source d'informations de dernière heure, avec 40 millions de tweets sur les élections envoyés à 10 heures. (Heure de l'Est) ce jour-là.

- Source d'information:
https://en.wikipedia.org/wiki/Twitter

3. STATISTIQUES ET DONNÉES DÉMOGRAPHIQUES SUR TWITTER

a. Statistiques

- Nombre total d'utilisateurs actifs de Twitter par mois: 326 millions

- Nombre total de tweets envoyés par jour: 500 millions (5 787 tweets par seconde)

- Pourcentage d'utilisateurs Twitter sur mobile:

80%Nombre d'utilisateurs actifs sur Twitter Daily: 100 millions

b. La démographie

En dehors des États-Unis, les trois principaux pays comptés par Twitter sont le Brésil (27,7 millions d'utilisateurs), le Japon (25,9 millions) et le Mexique (23,5 millions).

259 millions de ces 326 sont des utilisateurs internationaux. Twitter prend en charge ces utilisateurs avec 35 bureaux répartis dans le monde entier, et la plate-forme est disponible dans 33 langues. (34 si vous comptez emoji.)

Twitter est la plateforme numéro un pour les dirigeants gouvernementaux:

Twitter surpasse Facebook et Instagram parmi les courtiers en énergie. Selon l'étude Twiplomacy de 2018, 187 gouvernements et chefs d'État maintiennent une présence officielle sur Twitter.

- Source d'information:
https://blog.hootsuite.com/twitter-statistics/

4. CONFIGURER VOTRE COMPTE SUR TWITTER

a. Comment configurer votre compte sur Twitter

1. Rendez-vous sur http://twitter.com et recherchez la boîte d'inscription ou directement sur https://twitter.com/signup.

2. Vous serez guidé tout au long de la procédure d'inscription et invité à saisir des informations telles que votre nom et votre adresse électronique.

3. Si vous choisissez de vous inscrire avec une adresse email, Twitter vous demandera de vérifier votre

adresse email en vous envoyant un email avec les instructions.

4. Si vous choisissez de vous inscrire avec un numéro de téléphone, Twitter vous demandera de vérifier le numéro de téléphone en vous envoyant un message texte SMS avec un code. Vous pouvez également demander un appel vocal pour vérifier votre numéro de téléphone. Entrez le code de vérification dans la case prévue.

5. Une fois que vous avez ouvert un compte, vous pouvez sélectionner un nom d'utilisateur (les noms d'utilisateur sont des identifiants uniques sur Twitter). Twitter vous dira si le nom d'utilisateur que vous voulez est disponible.

b. Conseils pour configurer votre compte

i. Choisir votre nom d'utilisateur

Votre nom d'utilisateur est le nom que vos abonnés utilisent lors de l'envoi de réponses, de mentions et de messages directs. (@name) Il formera également l'URL de votre page de profil Twitter. Il doit comporter moins de 15 caractères et ne pas contenir "admin" ou "Twitter" afin d'éviter toute confusion avec votre nom.

Si le nom que vous avez choisi a déjà été pris par une autre église portant un nom similaire, Twitter vous le fera savoir et vous fournira également des suggestions que vous pouvez utiliser pour modifier le nom afin de trouver celui qui est disponible.

L'ajout d'un caractère ou d'un numéro supplémentaire peut modifier le nom choisi et le rendre disponible pour vous. Par exemple, @Gracechurch est peut-être déjà utilisé et vous pouvez le faire @ Gracechurch1 ou @Thegracechurch

Assurez-vous que quel que soit le nom d'utilisateur que vous avez choisi, vous pouvez également l'utiliser sur tous vos autres comptes de médias sociaux. Lorsque vous utilisez le même nom d'utilisateur sur vos comptes Facebook, Twitter et autres réseaux sociaux, la communication avec votre congrégation et vos abonnés sera plus facile car ils seront en mesure d'identifier tous vos comptes car ils porteront tous le même nom d'utilisateur.

www.NameCheck.com est une ressource informative que vous pouvez utiliser pour savoir si le nom d'utilisateur que vous avez choisi est disponible sur toutes les plateformes de médias sociaux. Vous pouvez essayer des variantes de votre nom d'église jusqu'à ce que vous trouviez une option utilisable.

ii. Téléchargez le logo de votre église

Le logo de votre église aide les autres à identifier votre compte Twitter. Vous devez télécharger le graphique du logo de votre église. La taille du logo qui conviendra à Twitter est de **300 pixels par 300 pixels à 72 dpi.**

Si vous décidez dans cette étape de connecter votre compte Twitter à votre compte Facebook, le système extraira automatiquement la photo de votre profil Facebook à votre place. Si vous n'êtes pas prêt à télécharger votre logo d'église lors de la configuration de votre compte, vous pouvez cliquer sur ignorer cette étape et revenir plus tard pour la terminer.

iii. Complétez votre bio

Assurez-vous de compléter votre biographie. Vous n'avez que 160 caractères pour votre bio. Vous devez utiliser cette zone pour dire à tout le monde ce que vous faites et pourquoi vous le faites.

Rendez votre bio intéressante et invitante. Pensez à ces champs comme à votre "première impression". De nombreuses personnes visitent un profil Twitter une seule fois pour décider si elles souhaitent ou non vous suivre. Ils décideront de vous connecter sur la base de ce que vous écrivez dans votre biographie.

Complétez votre profil en indiquant votre nom complet d'église, votre description bio, votre lieu de résidence, votre adresse de site Web. Vous pouvez ajouter la date de fondation de votre église comme anniversaire. Votre position devrait refléter avec exactitude votre position. Puis cliquez sur Enregistrer les modifications

iv. Ajoutez votre adresse de site Web

Ajoutez l'URL de votre site Web dans l'espace de votre profil. En tant que ministre, si vous n'avez pas de site Web, vous pouvez associer votre compte Twitter à votre blog, à votre page Facebook ou à n'importe quel endroit en ligne où les gens peuvent en savoir plus sur vous.

v. Suivre des personnes

Recherchez les profils d'autres leaders chrétiens, organisations et organisations que vous pouvez commencer à suivre. N'essayez pas de suivre trop de personnes au début pour ne pas être submergé.

vi. Obtenez tweeting

La meilleure façon d'apprendre à tweeter est de participer et de commencer à tweeter. Lisez la section ci-dessous sur ce que vous pouvez tweeter pour vous donner quelques idées.

- Partagez des liens, des photos, des vidéos et plus

encore. Ne vous limitez pas aux articles seulement.

- Utilisez des hashtags pour des événements, des conférences, des activités de sensibilisation, etc.

- Retweet les mises à jour des autres personnes. Vos tweets ne doivent pas concerner uniquement votre contenu et votre opinion.

- Lorsque vous utilisez le contenu d'autres personnes, n'oubliez pas de leur attribuer un crédit.

vii. Utilisez un raccourcisseur de lien

Vous pouvez utiliser des raccourcisseurs de liens pour vous aider à en dire plus dans ce monde de 140 caractères.

Quels sont les meilleurs moments pour tweeter?

- Les taux de clics (CTR) moyens les plus élevés se produisent entre lundi et jeudi, entre 13 h et 15 h, sans heure de pointe spécifique. Si votre objectif est d'inciter les internautes à cliquer sur votre site Web, ce sera le moment idéal.

- Le pire moment pour poster semble être le vendredi après 15h et les soirs de week-end (après 20h). Ces temps ont le moins d'engagement, de clics, de re-tweets, etc.

- Les tweets avec des images sont les plus efficaces. Alors cherchez de superbes photos à ajouter à vos tweets

---

5. CONTENU DE VOS TWEETS - CE QUE VOUS POUVEZ TWEETER

Le contenu est roi et la clé pour garder vos partisans engagés. Il y a beaucoup de choses sur ton église/ministère que tu peux tweeter. Voici quelques idées:

i. **Horaires de service**

Vous pouvez tweeter sur le culte de votre week-end et les autres moments de service afin que les gens sachent quand ils peuvent se joindre à vous pour le culte. Vous pouvez également tweeter des teasers pour le sermon de dimanche prochain.

ii. **Versets bibliques**

Vous pouvez tweeter des vers de la Bible encourageants qui ne sont pas trop longs et ajouter une belle image à la publication.

iii. **Citations de sermon**

Vous pouvez demander à l'un des membres de votre équipe multimédia de publier un tweet en direct chaque semaine en publiant des citations, des photos et des questions lors de vos services. Ils peuvent prendre des lumières du sermon et prendre des clichés d'action pour chaque poteau de la taille d'une bouchée, ce qui sera facile à partager.

iv. **Citations inspirantes**

Vous pouvez tweeter des citations inspirantes ou inspirantes tirées de votre lecture quotidienne, des chefs de ministère actuels ou de grandes figures de l'histoire de l'Église. Vous devriez ajouter la photo de quiconque a dit la citation à la poste.

v. **Passages bibliques pour le service**

Vous pouvez tweeter des passages bibliques qui seront couverts lors du culte du dimanche ou de votre service en milieu de semaine.

vi. **Lectures bibliques quotidiennes**

Vous pouvez inviter votre église à lire ensemble un livre spécifique de la Bible en postant des défis de lecture quotidiens. Vous pouvez créer un hashtag spécifique pour ces défis afin que les autres puissent s'engager et interagir tout au long de leur lecture. Vous pouvez promouvoir ce hashtag sur papier, sur le Web et ailleurs afin d'encourager davantage la continuité entre les médias sociaux et les autres domaines de votre église.

vii. Prières

Vous pouvez tweeter sur les prières, les demandes de prière et les prières exaucées pour encourager les membres et les adeptes à prier.

viii. Annonces à l'échelle de l'église

Vous pouvez partager des annonces à l'échelle de l'église sur Twitter. Annoncez des événements à venir, anniversaires, mariages, enchères de charité, etc.

ix. Nouvelles et événements

Vous pouvez tweeter sur les nouvelles générales de l'église concernant ce qui se passe dans l'église et la communauté environnante et ajouter des photos.

x. Événements et conférences

Vous pouvez tweeter les images d'événements récents à l'église, par exemple baptême, fête de l'église pour enfants, petit déjeuner de femmes, conférence annuelle, anniversaire de l'église, etc.

xi. Messages drôles

Rendez votre page twitter amusante en postant des messages amusants avec des photos d'activités dans l'église, qui vous concernent en tant que pasteur, membres du personnel de l'église ou différents volontaires de l'église.

xii. Mettez en surbrillance les missions et les partenaires missionnaires

Vous pouvez poster des nouvelles de votre travail missionnaire et ajouter des images. Vous devriez également publier des articles sur les partenaires avec lesquels vous vous associez dans les missions en les étiquetant et en les connectant à leurs sites Web. C'est une excellente visibilité pour ces organisations / individus, ainsi qu'un prolongement supplémentaire des valeurs de votre église. Plus vous pourrez montrer ce que votre partenaire fait sur le terrain missionnaire, mieux ce sera pour votre église.Vous pouvez également faire des histoires et partager des photos avec ces tweets, ainsi que des étapes et des témoignages spéciaux sur la mission.

xiii. Liens utiles

Vous pouvez publier des liens vers des ressources utiles ou du contenu intéressant sur le Web. p.ex. cour, mariage, éducation, repos, sommeil, exercice, etc.

xiv. Paroles de chansons, culte et chansons chrétiennes

Vous pouvez poster des extraits d'hymnes, les paroles de chansons de louange ou des chansons chrétiennes préférées avec des liens vers la version complète des chansons.

xv. Vidéos courtes et annonces

Vous pouvez poster de courtes vidéos annonçant vos événements à venir, à partir de sermons ou de messages du pasteur.

La liste n'est pas exhaustive alors soyez créatif.

6. COMMENT TIRER LE MEILLEUR PARTI DE VOTRE COMPTE TWITTER DE L'ÉGLISE

Réglages:

1. Aidez les gens à vous trouver sur Twitter

Vous pouvez utiliser des paramètres sous Sécurité et confidentialité pour aider les membres de votre congrégation et de votre communauté à trouver plus facilement votre flux Twitter.

2. Connectez-vous avec vos contacts de messagerie

Si vous avez une adresse électronique d'église / de ministère utilisant Gmail, Outlook ou Yahoo, vous pouvez vérifier dans votre carnet d'adresses les connexions des personnes ayant un compte Twitter. Vous trouverez ces liens dans la section Trouver des amis dans Paramètres.

3. Possibilité de découverte - Cochez les cases dans les paramètres pour permettre aux gens de trouver votre église / votre ministère par votre adresse électronique et votre numéro de téléphone.

4. Messages directs - Cochez la case pour recevoir des messages directs de toute personne afin que les gens puissent vous contacter plus facilement.

5. Emplacement du tweet - Ajoutez toujours un emplacement à mes tweets. Cela permettra aux gens de savoir d'où vous tweetez. Cela aide également votre flux Twitter à être trouvé plus facilement par les personnes de votre région.

6. Marquage de photos - Cochez la case -Permettez à quiconque de me marquer sur des photos Cela permet aux gens de marquer facilement votre église / ministère sur une photo. Ainsi, les autres personnes peuvent savoir que la photo est liée à votre église / ministère.

7. Configurez vos notifications

Dès que possible, vous devrez configurer les notifications que vous souhaitez recevoir afin de pouvoir répondre et interagir avec des personnes sur Twitter.

Accédez à la section Notifications par courrier électronique dans les paramètres pour choisir les informations que vous recevrez à l'adresse électronique connectée à votre compte Twitter de votre église / ministère. Vous allez également configurer certaines de ces notifications dans la section Notifications Web dans

Paramètres.Vous pouvez recevoir une configuration permettant de recevoir certaines de ces notifications sur votre téléphone portable en téléchargeant l'application Twitter et en lui faisant envoyer des notifications push directement sur votre téléphone ou en étant averti par SMS. Vous devrez configurer votre téléphone dans la section Paramètres de Mobile pour recevoir les mises à jour de texte.

8. Créer des widgets Twitter

Vous pouvez créer un widget de votre publication à intégrer sur le site Web de votre église. Vous choisissez simplement la hauteur, la couleur et le design du thème qui ressemble le plus à l'apparence de votre site Web.

Une fois le widget créé, Twitter vous communiquera un code que vous pourrez copier et coller sur votre site Web pour augmenter la portée de votre flux Twitter.

Affectation

Lorsque vous publiez ces informations, voici quelques moyens de tirer le meilleur parti de votre compte Twitter

1. Ajouter des liens à vos tweets

Vous pouvez ajouter des liens dans vos Tweets vers le site Web de votre église / ministère, des articles, des images et des vidéos.

Les liens réduiront la longueur de votre tweet, mais ils constituent tout de même une excellente utilisation de votre espace tweet, car il étend votre message court pour inclure tout ce à quoi vous créez un lien.

Twitter ne compte pas toute la longueur de votre lien avec vos 144 caractères dans votre Tweet. Twitter raccourcit le lien pour vous même si le lien que vous souhaitez publier est même plus long que les 144 caractères eux-mêmes. Tout ce que vous avez à faire à partir de là est de raccourcir votre texte pour vous assurer que vous avez de la place pour inclure le lien.

Pour raccourcir votre lien, vous pouvez utiliser un service gratuit tel que **goo.gl** connecté à votre compte Google ou un site tel que bit.ly pour raccourcir vos liens dans un format plus propre que celui de Twitter.

L'avantage dont vous bénéficiez lorsque vous utilisez ces services gratuits est que vous pouvez savoir combien de fois les internautes ont cliqué sur vos liens et vous pouvez constater l'efficacité de votre engagement de publication pour ce Tweet en particulier.

2. Ajouter des graphiques et des vidéos

Lorsque vous créez un nouveau tweet, vous pouvez cliquer sur le bouton Média et publier des photos et des vidéos sur votre tweet. ajouter de nouvelles images.

Vous pouvez également ajouter une vidéo et la connecter à un tweet. Vous avez la possibilité de télécharger la vidéo directement sur Twitter via l'éditeur de publication ou d'ajouter un lien vers une vidéo YouTube ou tout autre site de partage de vidéo.

Lorsque vous utilisez le bouton Multimédia pour télécharger votre graphique ou votre vidéo, vous utilisez le stockage de Twitter au lieu de devoir utiliser votre propre stockage en ligne.

En ajoutant une image ou une vidéo à votre publication, votre tweet se démarquera des autres dans le flux. N'oubliez pas que lorsque vous ajoutez une vidéo ou des graphiques, vous devez rendre votre texte plus concis, car il comptera avec votre limite de 144 caractères.

3. Réglez vos vidéos sur la lecture automatique

Activez la lecture automatique de vos vidéos en accédant aux paramètres de votre compte, puis cochez la case pour choisir la lecture automatique de la vidéo dans la section Contenu.

Une fois que vous avez coché cette case, cela signifie que votre vidéo commencera à être lue automatiquement au fur et à mesure que les personnes parcourent leurs flux, ce qui attirera davantage l'attention.

4. Sondages en ligne

Vous pouvez de temps en temps créer un tweet avec un sondage Twitter qui ne donne aux gens que 24 heures pour répondre et vous obtiendrez des résultats immédiats. Vos suiveurs pourront également voir les résultats. Ils pourront voir le pourcentage de réponses, mais pas qui a donné les réponses.

Donc, si vous voulez poser une question à vos abonnés et obtenir un feed-back immédiat, un sondage d'opinion est le moyen d'y parvenir.

NOTES

AUX ÉGLISES ET MINISTÈRES

L'utilisation de Twitter nécessite une courbe d'apprentissage. Vous devez commencer lentement, puis prendre de l'élan lorsque vous commencez à comprendre comment utiliser la plate-forme et engager plus efficacement vos abonnés.

Références

Histoire de Twitter

https://en.wikipedia.org/wiki/Twitter

Statistiques et statistiques Twitter

https://blog.hootsuite.com/twitter-statistics/

CHAPTER 10

INSTAGRAM

1. INTRODUCTION

Instagram est le 3ème réseau social le plus populaire avec 1 milliard d'utilisateurs actifs par mois (Facebook est le n ° 1 avec plus de 2 milliards d'utilisateurs actifs par mois, suivi de YouTube avec 1.9 utilisateur actif par mois).

Instagram est une plate-forme en pleine croissance qui regroupe de nombreuses activités pour les jeunes et les entreprises. Il est donc important que votre église/ministère agisse maintenant pour tirer parti du pouvoir de cette plate-forme afin de toucher davantage de personnes.

Configurez votre compte église / ministère et apprenez à bien utiliser la plateforme pour commencer à établir des liens durables, à partager des histoires et à atteindre de nouvelles personnes sur instagram.

2. BREF HISTORIQUE ET INFORMATION SUR INSTAGRAM

Instagram est un service et une application de partage de photos mobile, de bureau et sur Internet, qui permettent aux utilisateurs de partager des photos et des vidéos de manière publique ou privée.

Elle a été créée par Kevin Systrom et Mike Krieger et a été lancée en octobre 2010 en tant qu'application mobile gratuite exclusivement pour le système d'exploitation iOS. Deux ans plus tard, en avril 2012, une version pour les appareils Android est sortie.

Instagram permet aux utilisateurs enregistrés de télécharger des photos ou des vidéos sur le service. Les utilisateurs peuvent appliquer divers filtres numériques à leurs images et ajouter des emplacements via des balises géographiques.

Vous pouvez ajouter des hashtags à leurs messages, en reliant les photos à un autre contenu sur Instagram présentant le même sujet ou le même sujet. Les utilisateurs peuvent connecter leur compte Instagram à d'autres profils de réseaux sociaux, ce qui leur permet également de partager des photos avec ces profils.

Le mot Instagram est un bagage de caméra instantanée et de télégramme.

Les utilisateurs peuvent télécharger des photos et de courtes vidéos, suivre les flux des autres utilisateurs et géolocaliser des images avec le nom d'un lieu. Les utilisateurs peuvent connecter leur compte Instagram à d'autres sites de réseaux sociaux, ce qui leur permet de partager des photos téléchargées sur ces sites.

Le site officiel de la plateforme est https://instagram.com/. Le siège officiel de la société se trouve à Menlo CA USA et le PDG est le fondateur Kevin Systrom.

- Source d'information:
https://en.wikipedia.org/wiki/Instagram

3. STATISTIQUES ET DONNÉES DÉMOGRAPHIQUES INSTAGRAM

- Nombre total d'utilisateurs Instagram actifs mensuels: 1 milliard

- Nombre total d'utilisateurs Instagram actifs quotidiens: 500 millions

- Instagram Stories Daily Utilisateurs actifs: 500 millions

- Nombre de photos téléchargées par jour: 100 millions
- La photo la plus aimée est celle d'un œuf 53 millions
- Nombre de photos partagées à ce jour: 40 milliards
- Nombre de personnes qui regardent des vidéos par jour: 100 millions
- Facebook a acheté Instagram en 2012 pour 1 milliard de dollars
- Nombre de Instagram J'aime par jour: 4.2 milliards

Faits Instagram

- les utilisateurs passent 53 minutes par jour sur instagram
- Les postes ayant au moins un hashtag ont en moyenne 12,6% d'engagement de plus.
- Lorsque Instagram a lancé des vidéos, 5 millions de vidéos ont été téléchargées au cours des 24 premières heures.
- Les vidéos Instagram génèrent deux fois plus de photos que n'importe quelle autre plateforme de médias sociaux.
- 68% des millenials s'engagent sur instagram
- Les hashtags les plus populaires sur Instagram sont #Love, #Instagood, #Me, #Cute et #Follow.
- La pizza est la nourriture la plus Instagrammed au monde, suivie par le sushi.
- Les influenceurs Instagram facturent jusqu'à 100 000 dollars US pour une publication sponsorisée.

- Source d'information:
https://www.sproutsocial/insights/instagram-stats/

4. COMMENT CRÉER VOTRE COMPTE SUR INSTAGRAM

La configuration de votre compte Instagram pour votre église / ministère est simple. Vous devez créer votre compte Instagram en tant que comptes professionnels. Cela vous permettra de diffuser des annonces et de profiter de certaines autres fonctionnalités spécifiques aux comptes Instagram Business.

Pour créer un compte Instagram Business, vous aurez besoin d'une page Facebook active. Donc, vous devriez aller sur facebook et créer une page Facebook pour votre église ou votre ministère.

Une fois que vous avez créé votre page Facebook, vous pouvez synchroniser votre compte Facebook avec votre compte Instagram. Plusieurs personnes peuvent administrer votre compte Instagram professionnel à partir d'un seul identifiant pour chaque compte.

Si vous avez déjà un compte Instagram d'église, vous pouvez passer à un compte professionnel dans les paramètres de votre compte.

Étape 1: Créez votre nom d'utilisateur

Votre nom d'utilisateur sur Instagram est votre identité. Il est important de choisir un nom facilement identifiable par votre église / ministère. Par exemple, si le nom de votre église / ministère est Grace Church, vous devez créer un nom d'utilisateur Instagram semblable au nom de votre église / ministère (par exemple, @GraceChurch) ou une variante (par exemple, @GrcChurch).

Si une église / un ministère qui porte un nom similaire au vôtre a déjà pris le nom d'utilisateur, vous devez faire preuve de créativité pour créer votre propre nom d'utilisateur.

Lors de la création de votre nom d'utilisateur, vous devez savoir deux choses:

1. Vous n'avez que 30 personnages avec qui travailler
2. Votre nom d'utilisateur ne peut contenir que des lettres, des chiffres ou des traits de soulignement

C'est une bonne idée d'utiliser le même nom d'utilisateur dans tous vos contacts sociaux.plates-formes médiatiques (si elles sont disponibles) pour assurer la cohérence autour de l'identité de votre église / ministère.

Étape 2: Complétez votre bio information

Votre biographie sur Instagram est une partie importante de l'utilisation de la plate-forme. Dans cette zone, vous vous présentez à vos abonnés et lancez un appel principal à l'action. Utilisez cet espace limité pour informer les gens de votre église / ministère et contraignez-les à vous suivre, puis incitez-les à franchir une étape spécifique.

Pour votre bio, il y a deux choses à garder à l'esprit:

1. **Description**: Vous avez 150 caractères pour rédiger votre biographie. Vous pouvez indiquer ici votre déclaration de mission, vos heures de service et votre hashtag d'église / ministère de marque, par exemple @ GrcChruch. Ajoutez également l'emplacement de votre église/ministère afin que les visiteurs de votre page puissent savoir où ils peuvent vous trouver.

2. Site Web: Vous devez ajouter l'URL du site Web de votre église / ministère.

REMARQUE: L'URL que vous ajoutez dans votre biographie ne sera pas cliquable. Les gens devront copier et coller l'URL dans leur navigateur Web pour visiter votre site Web afin d'obtenir plus d'informations.

Étape 3: Ajouter une photo à votre profil

Choisissez une version de haute qualité du logo de votre église / ministère et chargez-la sur votre compte. Utilisez le même logo de votre église / ministère que vous utilisez ailleurs en ligne et pour tous vos autres comptes de médias sociaux. Cela permet aux gens d'identifier facilement votre compte instagram comme appartenant à votre église / ministère

Vous n'avez pas besoin de créer une image personnalisée pour Instagram. Lorsque vous ajoutez la photo de votre logo, Instagram rognera automatiquement la photo de votre profil dans un cercle de 110 pixels de diamètre. Assurez-vous que l'image du logo que vous téléchargez est facile à lire et ne sera pas partiellement coupée lorsque Instagram effectue le rognage automatique.

Étape 4: Utilisez des hashtags dans vos messages

Les hashtags sont un moyen de s'impliquer dans des conversations sur Instagram. Les utilisateurs d'Instagram utilisent des hashtags pour voir ce qui se passe dans leur communauté, avec leurs amis, ou pour suivre le rythme des célébrités ou des choses qu'ils aiment. Ils utiliseront vos hashtags pour vous suivre et voir ce qui se passe dans votre église / ministère.

Lorsque vous utilisez Instagram, vous devez être prêt à inclure des hashtags dans vos messages. Instagram vous permet d'ajouter jusqu'à 30 hashtags par publication. Cela ne signifie pas que chaque publication que vous publiez doit comporter beaucoup de balises de hachage.

Vous devriez prévoir d'utiliser au moins 4 à 5 balises de hachage sur vos publications. Inclure jusqu'à 10-11 hashtags peut augmenter le nombre d'interactions que vous obtenez, vous devez donc apprendre à inclure les hashtags dans vos messages.

Étape 5: Commencez à partager

Votre compte Instagram est maintenant entièrement configuré et vous pouvez commencer à partager avec lui. Ne faites pas trop pour commencer afin de ne pas être submergé. Votre rythme.

Vous pouvez commencer par mettre en place 3 à 4 postes par semaine et continuer votre chemin jusqu'à ce que vous soyez à l'aise avec la plate-forme et que vous puissiez en placer 2 par jour.

5. COMMENT POSTER SUR VOTRE PAGE INSTAGRAM

a. La poste

Vous trouverez assez facile de publier sur votre compte Instagram église / ministère. Cliquez sur le signe plus en bas de l'écran et sélectionnez la photo ou la vidéo que vous souhaitez publier. Vous pouvez choisir une image dans votre bibliothèque de photos ou bien prendre une photo ou une vidéo directement dans l'application instagram.

Une fois que vous avez sélectionné la photo que vous souhaitez utiliser dans votre message, vous pouvez utiliser les fonctionnalités d'édition intégrées qu'Instagram doit donner à votre photo. Vous pouvez utiliser l'un des filtres prédéfinis ou modifier votre photo plus en cliquant sur le bouton Modifier pour accéder à l'ensemble des fonctions de modification.

Vous ajoutez ensuite une légende à votre message, balisez votre emplacement et les hashtags correspondants. Les hashtags sont des identificateurs importants pour aider les utilisateurs à découvrir votre contenu dans la section Explorer de Instagram. Comme je l'ai dit précédemment, essayez d'utiliser un minimum de 1 à 4 hashtags pour chaque message. Si vous pouvez vous lever à 10-12, vous obtiendrez plus d'engagement en faisant cela.

Voici quelques exemples de hashtags que vous pouvez utiliser:

- Local: #atlantachurch
- Tendances: #mothersday
- Connexes: # église, #foi, #god
- Marque: #gracechurch (ce sera le hashtag spécifique avec le nom de votre église / ministère)

Ensuite, vous cliquez sur le bouton Partager pour publier sur votre compte.

b. À quelle fréquence devriez-vous poster?

Il n'y a pas de nombre de fois qui est le bon ou le mauvais nombre de fois que vous devriez poster sur votre compte Instagram d'église / ministère. La clé de votre publication doit être la cohérence et le but.

Quand vous commencez, vous pouvez commencer par faire 2 ou 3publie une semaine et essayez de gravir des postes quotidiens. Concentrez-vous davantage sur la publication de messages de qualité et informatifs que sur un nombre élevé de messages qui n'engagent pas vos suiveurs.

Si votre église / ministère n'a pas assez de contenu pour publier chaque jour, vous pouvez publier des messages n certains jours de la semaine. Laissez vos messages être de grande qualité, fière allure et sortir avec cohérence.

c. Quel est le meilleur moment pour poster?

Pour les particuliers et les entreprises

- Les meilleures heures pour publier sur Instagram sont le **mercredi à 11 heures et le vendredi à 10 heures à 11 heures.**

- Mercredi est le meilleur jour pour publier sur Instagram
- Les heures les plus sûres pour poster sont du mardi au vendredi, de 10h à 15h.
- Dimanche reçoit le moins d'engagements sur Instagram
- La moindre implication a lieu en fin de nuit et tôt le matin de 23h à 3h.

Pour les organismes sans but lucratif, églises et ministères

Instagram est le complément idéal du reste de la stratégie sociale de votre organisation à but non lucratif. Si vous avez promu un événement à l'avance sur Facebook, n'hésitez pas à faire un suivi sur Instagram pour afficher les photos de l'événement. Gardez à l'esprit que ces heures de pointe pour les publications concernent les organisations à but non lucratif:

- Le meilleur moment pour les organisations à but non lucratif pour publier sur Instagram est **le mercredi à 14h00** .Les autres heures d'engagement comprennent **lundi de 14h à 15h et le mardi de 13h à 15h**.
- Et un bloc de temps relativement important le samedi de 13 h à 14 h.
- Les heures les plus sûres pour poster sont du lundi au vendredi, de 10h à 16h.
- Le dimanche reçoit le moins de fiançailles, ainsi que tous les jours de 23h à 17h.

- Source d'information:
https://sproutsocial.com/insights/best-times-to-post-on-social-media/#times-ig

d. Que devriez-vous poster?

Instagram est tout au sujet des histoires. Vous pouvez utiliser la page Instagram de votre église / ministère pour publier des images et des vidéos des merveilles qui se déroulent dans votre église / ministère, ce qui constitue pour le spectateur une preuve visuelle que votre église / ministère est très actif dans la communauté.

Voici quelques idées pour ce qu'il faut poster:

- Présentez les membres de votre église - ministres, bénévoles, membres du personnel et membres de votre congrégation
- Donner en coulisse un accès à la planification d'événements et à la préparation des services
- Promouvoir vos services de week-end et les événements à venir
- Célébrez les événements passés Republier de vos disciples
- Partagez des contenus inspirants et attrayants comme des versets bibliques ou des sujets de conversation

Il y a plus d'idées ci-dessous dans la section des notes

6. AUTRES FONCTIONNALITÉS D'INSTAGRAM

a. Vidéo

Instagram permet de vidéos jusqu'à 60 secondes. Les vidéos sont idéales pour les récapitulatifs, les coulisses, les annonces et les promotions. Vous pouvez donc créer de courtes vidéos de 60 secondes que votre église / ministère pourra utiliser.

b. Histoires Instagram

Votre église / ministère peut utiliser Instagram Stories pour en savoir plus sur qui vous êtes. Les histoires Instagram sont des instantanés bruts et authentiques de 15 secondes. Ils disparaissent 24 heures après leur publication, ils ajoutent donc une couche d'exclusivité au contenu.

Instagram Stories regorge également de fonctionnalités amusantes que vous pouvez utiliser comme:
- Les polices
- GIF et autocollants
- Les sondages
- Question autocollants
- Marquage de lieu
- Hashtags
- Curseur Emoji
- Les filtres

Vous pouvez également redistribuer des publications dans votre récit pour ajouter un autre point de contact avec vos lecteurs. Ensuite, vous pouvez sauvegarder vos meilleurs récits Instagram dans les faits saillants de votre histoire pour créer une bibliothèque de contenu supplémentaire.

c. Instagram TV (IGTV)

Instagram a récemment ajouté une fonctionnalité appelée Instagram TV. Instagram TV est une vidéo longue forme hébergée dans l'application. c'est comme un mini YouTube. Vous pouvez télécharger ici des vidéos d'une durée maximale de 10 minutes. C'est un excellent outil à utiliser pour télécharger les faits saillants de votre sermon ou de courtes vidéos sur les événements de l'église.

IGTV (Instagram TV) offre une qualité vidéo bien

supérieure aux vidéos téléchargées sur un flux Instagram régulier. Il est important que vous gardiez cela à l'esprit lorsque vous choisissez le type de vidéos que vous souhaitez publier sur IGTV.

- Partagez des Écritures ou des citations de vos sermons .
- Aller dans les coulisses
- Inviter des personnes à vos services et événements
- Célébrez les baptêmes et la communion
- Souligner un bénévole ou un service communautaire
- Partagez des images ou des vidéos de votre service de culte
- Dirigez les gens vers le site Web de votre église
- Annoncez un prochain sermon ou une série de sermons
- Impliquez-vous dans les conversations Instagram

d. Lien Sites Web et Instagram

Il est essentiel de relier les adeptes à votre site Web d'église à partir de votre compte Instagram. Pour ce faire, insérez l'URL du site Web de votre église dans la section "Profil" de votre compte Instagram. Instagram ne permet d'inclure qu'une seule URL dans chaque profil de compte. Ensuite, lorsque vous publiez des images ou des vidéos, utilisez votre légende pour diriger les abonnés vers votre profil afin de rechercher l'URL de votre site Web. Assurez-vous d'inclure un lien vers votre compte Instagram sur le site Web de votre église pour assurer la promotion croisée de votre flux Instagram.

Si votre église/ministère doit utiliser Instagram, décidez de vous lancer et de vous engager à apprendre et à utiliser tous ses trucs et outils. Avec la vitesse et la manière dont la plate-forme grandit et dont la popularité grandit, de nouvelles fonctionnalités continueront d'être ajoutées régulièrement, la plate-forme continuera à être pertinente sur la scène des médias sociaux pendant longtemps.,

6. CONSEILS DE CONTENU POUR LA PAGE INSTAGRAM DE VOTRE ÉGLISE / MINISTÈRE

Maintenant que vous avez configuré votre page instagram, il est temps de commencer à poster sur celle-ci. Voici quelques conseils de contenu que votre église / ministère peut utiliser de manière créative:

- partager les encouragements
- Promouvoir vos temps de service
- partagez votre vision de l'église
- Présentez votre personnel
- présentez vos différents ministères
- Partagez des Écritures ou des citations de vos sermons
- Annoncez un prochain sermon ou une série de sermons
- promouvoir votre flux en direct en ligne
- fournir une invitation à partager
- Inviter des personnes à vos services et événements
- promouvoir les événements à venir
- montrer aux nouveaux arrivants à quoi ressemblent les services
- Partagez des images ou des vidéos de votre service de culte
- Célébrez les baptêmes et la communion
- Souligner un bénévole ou un service communautaire
- promouvoir des événements de sensibilisation
- montrer les moyens de s'impliquer
- Dirigez les gens vers le site Web de votre église
- partager des témoignages de votre congrégation
- Impliquez-vous dans les conversations Instagram
- Mettre en évidence les ministères, les programmes et les jalons
- Articles sur les anniversaires d'église, les groupes de jeunes, les chorales, les opportunités de bénévolat et d'autres activités de l'église

- Réfléchissez sur l'année, la saison, le mois ou la semaine dans votre église
- Commencez une discussion en postant des questions sur l'actualité, les nouvelles ou les événements de l'église. Célébrez les fêtes, les baptêmes, les anniversaires, les projets achevés, les rénovations ou les campagnes de levée de fonds sont des événements passionnants dans votre église
- Publiez dans les coulisses des photos et des vidéos d'événements religieux, de collectes de fonds, de services, de célébrations et de voyages
- Inspirez et engagez vos adeptes à prendre des mesures dans le cadre de programmes, de campagnes ou d'événements importants dans l'ensemble de l'église, ou à participer à un défi amusant ou à une compétition à l'église. Demandez aux abonnés de publier des images et des vidéos de leurs progrès en cours de route. Et n'oubliez pas d'inclure ces hashtags.

NOTES

POUR LES ÉGLISES / MINISTÈRES

Les gens pensent en images. Faites toujours preuve de créativité pour choisir des images claires et de haute qualité qui inciteront les gens à les arrêter et à les lire.

Références Chapitre 10

Bref historique d'Instagram
https://en.wikipedia.org/wiki/Instagram

Statistiques Instagram
https://www.sproutsocial/insights/instagram-stats/

Les meilleurs moments pour publier
https://sproutsocial.com/insights/best-times-to-post-on-social-media/#times-ig

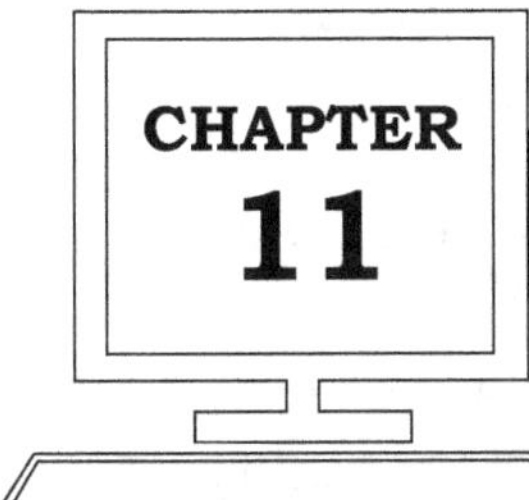

CHAPTER 11

1. INTRODUCTION

Whatsapp ne fait pas partie des catégories de médias sociaux comme Facebook, car il s'agit d'une application de messagerie pour smartphones. WhatsApp a été conçu pour les appareils mobiles et non pour les ordinateurs.

Selon le site officiel **www.whatsapp.com**, plus d'un milliard de personnes dans plus de 180 pays utilisent WhatsApp pour rester en contact avec leurs amis et leur famille, à tout moment et n'importe où. WhatsApp est gratuit et offre une messagerie et des appels simples, sécurisés, fiables et est disponible sur les téléphones du monde entier.

WhatsApp est unique en ce sens qu'il fournit un service de messagerie gratuit qui permet aux utilisateurs de se connecter avec leur numéro de téléphone. Whatsapp permet aux utilisateurs d'envoyer des messages texte et vocaux, de faire des appels vocaux et vidéo et de partager des images, des documents, des emplacements d'utilisateur et d'autres supports.

L'histoire de la création de Whatsapp peut être utilisée pour encourager les gens à ne pas abandonner toute vision qu'ils pourraient avoir.

Car la vision est encore pour un temps fixé, mais à la fin elle parlera et ne mentira pas: même si elle tarde, attendez; parce que cela viendra sûrement, cela ne restera pas. **Habakuk 2: 3**

2. Bref historique de Whatsapp

WhatsApp a été fondée en janvier 2009 par **Brian Acton**

et Jan Koum, qui avaient auparavant passé 20 ans combinés chez Yahoo avant de quitter l'entreprise. Peu de temps après, ils ont tous les deux postulé à des emplois chez Facebook mais ont été refusés.

En 2009, Koum a commencé à explorer la possibilité de créer une application permettant aux utilisateurs de téléphones mobiles de mieux interagir et de dialoguer avec leurs amis, leur famille et leurs contacts professionnels. Koum a fait équipe avec Brian Acton et ils ont réussi à convaincre cinq associés de Yahoo! pour financer l'application avec 250 000 $, et en 2009, WhatsApp a été lancé.

Ce fut un début un peu difficile pour WhatsApp. Après de nombreux crashs et échecs, Koum a commencé à être frustré par le développement de l'application et a envisagé de l'abandonner complètement. Acton a continué à encourager Koum à rester «encore quelques mois» à chaque revers. Ils ont continué et ont persévéré jusqu'à ce qu'ils voient l'application à son succès éventuel. En février 2013, WhatsApp comptait 50 employés et 200 millions d'utilisateurs.

En février 2014, Facebook a acquis WhatsApp pour **19 milliards de dollars** - ce qui reste à ce jour la plus importante acquisition et l'une des plus importantes acquisitions technologiques de l'histoire.

Que serait-il arrivé s'ils avaient abandonné après avoir essayé et échoué plusieurs fois?

La première leçon à tirer de leur histoire est NEVER DONC! CONTINUER À ESSAYER!

Frères, je ne pense pas avoir été appréhendés; mais une chose que je fais, en oubliant les choses qui sont derrière et en avançant vers ces choses qui sont en avant **Phil 3: 13**

La deuxième leçon à tirer de leur histoire est celle qui consiste à s'entourer de personnes qui croient en vous et qui vont parler de la vie et de l'encouragement dans votre vie lorsque vous êtes plongé dans le noir!

Un homme sage entendra et approfondira ses connaissances, et un homme intelligent comprendra un sage conseil - **Prov 1: 5**

3a. Statistiques clés de WhatsApp

* Avec **1.5 milliard d'utilisateurs dans 180 pays,** WhatsApp (soit 0,2 milliard de plus que Facebook Messenger) en fait l'application de messagerie la plus populaire au monde.

* **Un milliard d'utilisateurs actifs par jour** de WhatsApp

* L'Inde est le plus grand marché WhatsApp au monde, avec 200 millions d'utilisateurs (on estime que ce nombre est passé à 300 millions)

* 120 millions d'utilisateurs WhatsApp au Brésil

* Le marché américain de WhatsApp est relativement petit, à 23 millions

* La pénétration du marché de WhatsApp est la plus élevée aux Pays-Bas, à 85%, suivie de l'Espagne (83,1%) et de l'Italie (83%)

* Plus de 450 millions d'utilisateurs de WhatApp Status par rapport à Snapchat Stories

* WhatsApp Business compte trois millions d'utilisateurs

* 65 milliards de messages WhatsApp sont envoyés par jour, soit 29 millions par minute

* Deux milliards de minutes sont consacrées aux appels voix et vidéo WhatsApp / jour

- 55 millions d'appels vidéo WhatsApp sont effectués / jour, soit 340 millions de minutes au total

- 85 milliards d'heures d'utilisation de WhatsApp ont été mesurées entre mai et juillet 2018

- WhatsApp a été acquis par Facebook pour 19 milliards de dollars en 2014

- **Source d'information**: https://www.businessofapps.com/data/whatsapp-statistics/

3b. Statistiques utilisateur WhatsApp

Selon les statistiques du quatrième trimestre de 2017, WhatsApp comptait 1,5 milliard d'utilisateurs mensuels de plus de 180 pays. L'augmentation significative du nombre d'utilisateurs correspond à ce que Facebook a remarqué et a acquis WhatsApp. Avant l'acquisition, WhatsApp avait un tiers des utilisateurs actuels.

Selon les dernières statistiques de janvier 2019, WhatsApp compte plus d'utilisateurs que Facebook Messenger (parmi les meilleurs services de messagerie). Les applications de messagerie basées en Chine WeChat et QQ Mobile sont les applications de messagerie qui se classent 3e et 4e.

- **Source d'information:** https://www.digitalinformationworld.com/2019/02/whatsapp-facts-stats.html

---

4. Configurer votre compte Whatsapp

La configuration d'un compte WhatsApp est simple. Voici le moyen pas à pas de le faire. **Remarque:** vous ne pouvez pas avoir un compte Whatsapp sans numéro de téléphone. Un numéro de téléphone est requis uniquement pour l'inscription

Étape 1: Téléchargez l'application WhatsApp: commencez par télécharger l'application WhatsApp à partir du magasin d'applications approprié et ouvrez-la. L'icône WhatsApp ressemble à une boîte verte avec une bulle de dialogue blanche et un téléphone.

Étape 2: Appuyez sur Accepter et continuer: Vous verrez cette icône «Accepter et continuer». Lorsque vous appuyez sur cette icône, cela signifie que vous acceptez les conditions d'utilisation de WhatsApp. Après avoir tapé sur l'icône Conditions d'utilisation et Politique de confidentialité à lire

Étape 3: Entrez votre code de pays et votre numéro de téléphone: Vous serez invité à saisir votre code de pays et votre numéro de téléphone. Ce faisant, WhatsApp vous enverra un SMS de confirmation et créera votre compte utilisateur.

Étape 4: Appuyez sur Terminé et sur Oui: une icône nommée TERMINÉ apparaîtra. Ce sera dans le coin supérieur droit de votre écran. Appuyez dessus. Une icône nommée YES apparaîtra. Ceci confirmera le numéro de téléphone que vous avez entré. Appuyez dessus.

Étape 5:. Attendez un message texte automatisé de WhatsApp: vous recevrez un message texte SMS avec un code de vérification à 6 chiffres.

Si vous ne recevez pas le texte, appuyez sur le bouton Appelez-moi. Cela va passer un appel téléphonique automatisé de WhatsApp à votre numéro avec votre code de vérification à 6 chiffres.

Étape 6: Notez votre code de vérification à 6 chiffres: Notez le code de vérification à 6 chiffres car vous utiliserez ce code dans la vérification téléphonique de

WhatsApp et entrez votre code de vérification sur WhatsApp. Votre téléphone sera automatiquement vérifié lorsque vous entrez le code à 6 chiffres.

Étape 7: Entrez votre nom d'utilisateur et votre photo: Vous serez invité à saisir un nom d'utilisateur et une photo. Ce faisant, WhatsApp vérifie automatiquement quels contacts utilisent le service en fonction de leurs numéros de téléphone.

Étape 8: Votre compte est déjà configuré: Vous avez terminé et vous avez maintenant un compte WhatsApp. Depuis l'écran principal, vous pouvez appuyer sur l'icône de messagerie pour démarrer une nouvelle conversation, consulter un récapitulatif de vos appels et de vos discussions ou consulter vos contacts.

5. QUELQUES FONCTIONNALITÉS DE WHATSAPP À CONNAÎTRE

Voici quelques fonctionnalités de Whatsapp que vous devriez savoir et qui rendront votre utilisation de Whatsapp plus intéressante.

1. Désactiver le dernier tampon visible: Vous pouvez désactiver la dernière notification affichée sur votre compte. WhatsApp permet aux autres personnes de votre contact de voir l'heure de votre dernière activité. Vous pouvez également voir la dernière heure d'activité de vos contacts sur l'application. Vous pouvez protéger votre vie privée et ne pas informer les gens de la dernière vérification de vos messages WhatsApp en désactivant cette option.

Accédez aux paramètres, sélectionnez un compte et appuyez sur confidentialité pour choisir une option appropriée pour vous sous dernière vue.

2. Lisez les messages sans en avertir l'expéditeur:

Vous pouvez éviter que la coche bleue n'apparaisse sur les messages que vous avez lus. Mettez votre téléphone en mode avion et ouvrez WhatsApp pour lire les messages. Fermez l'application après l'avoir lue et supprimez-la de votre fenêtre multiple. Désactivez le mode avion et le chat apparaîtra non lu à l'expéditeur.

3. Arrêtez le téléchargement automatique des médias: Whatsapp enregistre automatiquement les médias transférés dans votre galerie. Lorsque cela se produit, cela réduit l'espace disponible sur votre téléphone et peut réduire la vitesse de traitement.

Vous pouvez empêcher l'enregistrement automatique des photos et des vidéos transférées dans votre galerie. Tapez sur paramètres, puis sur chats et désactivez l'option "Enregistrer dans l'appareil photo" sous iOS ou "Afficher le média dans une galerie" sous Android.

Vous pouvez également modifier les préférences de téléchargement de média pour des discussions individuelles. Ouvrez une discussion spécifique et appuyez sur le nom du contact ou du groupe en haut. Ouvrez l'option 'Enregistrer sur la pellicule' (iOS) ou 'Visibilité du support' (Android) et choisissez parmi les paramètres qui vous conviennent.

4. Marquer les discussions comme non lues: Lorsque vous lisez un message et que vous n'avez pas le temps de le faire immédiatement, vous pouvez marquer le chat avec un point. Cela servira de rappel pour plus tard. Pour marquer une discussion avec un point si vous utilisez un Android, vous maintenez la conversation que vous souhaitez marquer comme non lue et, si vous utilisez un combiné iOS, glissez simplement la conversation vers la droite.

5. Supprimer les messages envoyés accidentellement: Vous pouvez supprimer les messages que vous avez envoyés par inadvertance afin qu'ils soient également supprimés de la boîte de réception du destinataire. Sélectionnez simplement le message et appuyez sur l'option 'Supprimer pour tout le monde.' Et le message est supprimé.

6. Modification de la police: Vous pouvez modifier le texte et convertir la police brute en italique ou en gras.

GRAS: Vous commencez et finissez le texte avec un astérisque pour le mettre en gras

ITALIQUE: Vous commencez et terminez le texte avec un trait de soulignement pour le rendre en italique.

STRIKE THROUGH: Un tilde au début et à la fin fera apparaître un barré sur le texte. (~ tilde)

7. Signet des messages: S'il y a quelque chose d'important dans une discussion que vous voudriez marquer, WhatsApp vous permet de le faire en mettant en vedette le message. Vous ouvrez le message spécifique dans une conversation et maintenez le message enfoncé, puis appuyez sur étoile.

8. Épingler un chat important: WhatsApp vous permet d'épingler des chats de trois contacts en haut. Cela vous fait gagner du temps pour accéder aux discussions au lieu de devoir taper les noms des personnes importantes avec lesquelles vous souhaitez converser dans la barre de recherche ou de faire défiler l'écran pour accéder à l'historique de leurs discussions chaque fois que vous souhaitez discuter avec eux.

Sur une main Andoid, maintenez la discussion en ligne et appuyez sur le bouton correspondant une fois que vous avez sélectionné l'épingle. Sous iOS, glissez la conversation à épingler à droite et appuyez sur l'icône en forme d'épingle pour la faire apparaître en haut.

9. Changer le papier peint: Whatsapp vous permet de

changer votre papier peint comme vous le souhaitez en vous rendant dans Papier peint dans Chats sous Paramètres. Vous pouvez choisir une image dans la bibliothèque de papiers peints, la galerie de téléphones ou sélectionner une couleur unie.

10. Changer les préférences de la langue du texte: Whatsapp vous donne la possibilité de discuter dans plusieurs langues. Vous n'êtes pas obligé de discuter en anglais sur l'application. Pour changer la langue de votre conversation, accédez aux paramètres, sélectionnez-les, puis appuyez sur la langue de l'application et choisissez celle que vous souhaitez.

11. Ajoutez des griffonnages et des émoticônes à vos photos: WhatsApp vous permet de jouer avec vos photos en y ajoutant des griffonnages, du texte et des émoticônes. Pour ce faire, vous appuyez sur l'option d'attachement, puis allez dans la galerie, sélectionnez l'image à partager et elle s'ouvrira dans un éditeur de photos. Vous pouvez rendre vos messages intéressants en ajoutant des griffonnages ou des émoticônes

12. Diffuser un message en privé à plusieurs contacts: Vous pouvez diffuser un message en privé à plusieurs contacts à l'aide de la liste de diffusion sur WhatsApp. Le message que vous envoyez à une liste de contacts sera reçu sous forme de message individuel par chacun d'eux.

Sur un Android, vous appuyez sur l'icône de menu (trois points verticaux) dans le coin supérieur droit et sur un iOS, vous appuyez sur Appuyez sur Diffuser dans le coin gauche de votre écran et ajoutez des contacts pour l'envoi de messages.

www.whatsapp.com

WhatsApp Business est une application gratuite à télécharger, conçue pour le propriétaire de petite entreprise. Avec l'application, les entreprises peuvent interagir facilement avec les clients en utilisant des outils pour automatiser, trier et répondre rapidement aux messages.

WhatsApp Business aide également à fournir un support client et à envoyer des notifications importantes aux clients des utilisateurs.

En janvier 2018, WhatsApp a lancé sa version commerciale sur cinq marchés clés, à savoir les États-Unis, le Royaume-Uni, l'Indonésie, le Mexique et l'Italie. Quatre mois après le lancement, 3 millions d'entreprises avaient ouvert un compte commercial.

Voici certaines des caractéristiques:

• **Profils d'entreprise**: Aidez les clients avec des informations utiles telles qu'une description de l'entreprise, des adresses de messagerie ou de magasin et un site Web.

• **Outils de messagerie**: Gagnez du temps avec les outils de messagerie intelligents: réponses rapides qui répondent rapidement aux questions fréquemment posées, des messages de bienvenue qui présentent les clients à votre entreprise, ainsi que des messages leur indiquant que vous êtes occupé.

• **Statistiques de messagerie**: Consultez des métriques simples, telles que le nombre de messages lus, pour voir ce qui fonctionne.

• **WhatsApp Web:** Envoyez et recevez des messages avec WhatsApp Business sur votre bureau.

• **Type de compte:** Les gens sauront qu'ils parlent à

une entreprise parce que vous serez répertorié comme compte professionnel. Au fil du temps, certaines entreprises disposeront de comptes confirmés une fois confirmées que le numéro de téléphone du compte correspond au numéro de téléphone de l'entreprise.

Le but de WhatsApp Business était de faciliter la vie des propriétaires de petites et moyennes entreprises et de leur fournir de meilleures fonctionnalités de communication avec leurs clients. WhatsApp Business permet aux utilisateurs de créer des profils avec des détails utiles, ainsi que des fonctionnalités de messagerie avancées incluant l'automatisation et le tri des messages. Les messages envoyés via WhatsApp Business sont cryptés.

En août 2018, WhatsApp a lancé l'API WhatsApp Business qui permettait aux entreprises de répondre aux messages du client. Lorsqu'elles utilisent la plate-forme API, les entreprises peuvent répondre gratuitement dans les 24 heures qui suivent la réception d'un message. S'ils ne répondent pas dans les 24 heures, ils devront payer un tarif fixe par message. Il s'agit du tout premier produit d'entreprise générant des revenus de WhatsApp.

L'API est également dotée de plusieurs fonctionnalités utiles, notamment des rappels, des confirmations et des tickets. Une chose à noter est que WhatsApp Business est encore libre d'utilisation, mais WhatsApp prévoit de la monétiser dans un avenir proche. Il est plus probable qu'ils factureront les plus grandes entreprises pour utiliser la plate-forme

NOTES

POUR LES ÉGLISES ET LES MINISTÈRES

1. Utilisez votre mise à jour de statut: Partagez une partie intéressante de la Bible ou de la Bible sur votre mise à jour de statut et votre photo de profil. Ce sera un moyen de partager votre mise à jour sur l'amour de Jésus, de faire briller sa lumière et de partager son message avec ceux avec qui vous êtes amis et qui n'ont pas de relation personnelle avec Christ.

2. Configurer un groupe: Vous pouvez créer un groupe et inviter vos amis à vous rejoindre et utiliser votre compte WhatsApp pour partager des versets ou des dévotions quotidiens ou hebdomadaires avec votre groupe.

3. Messages individuels: Vous pouvez utiliser votre compte WhatsApp pour envoyer des messages individuels à différentes personnes afin que les messages soient remis à chaque personne individuellement plutôt que dans un message de groupe.

Dans l'option «Chats», vous pouvez sélectionner «Nouvelle liste de diffusion» et ajouter toutes les personnes à qui vous souhaitez envoyer un message de diffusion.

Si vous avez été invité à faire partie d'un groupe où il y a des personnes que vous voudriez influencer, restez dans le groupe comme moyen de rechercher des opportunités spirituelles. Vous pouvez toujours envoyer des messages individuels aux différentes personnes de ce groupe.

Restez en contact avec les personnes qui utilisent votre compte WhatsApp et suivez-les pour devenir disciple.

4. Groupes et réunions:

Groupes: Vous pouvez créer différents groupes pour différents départements de votre église ou ministère et pour les différentes activités ou missions que vous avez. Invitez les personnes impliquées avec chacun à se joindre au groupe. Indiquez à chaque personne pourquoi elle a été invitée au groupe et quelles sont ses attentes à l'égard du groupe et ses règles.

Assurez-vous que les discussions sur chaque groupe

portent uniquement sur le sujet pour lequel chaque groupe est configuré. Les mises à jour pour chaque groupe peuvent être postées, ce qui permettra aux membres d'obtenir des informations plus rapidement que les appels téléphoniques. Les membres peuvent également apporter leurs contributions et suggestions aux différents groupes.

Des réunions; Vous pouvez planifier des réunions dans les groupes. reniflé la date et l'heure. Affichez l'ordre du jour de la réunion dans le groupe afin que chacun puisse se préparer et contribuer à la discussion sur les sujets à traiter lors de la réunion. Vous pouvez modérer la réunion ou avoir quelqu'un de modéré pour que la réunion respecte le temps et l'ordre du jour fixés et que chaque contribution ou suggestion soit correctement prise en compte.

Il est particulièrement utile d'organiser une réunion sur Whatsapp s'il n'ya aucune avenue pour la vidéoconférence ou si vous avez des participants dans différents pays et délais.

5. Créez un compte professionnel: Bien que votre église ou votre ministère ne puisse pas être classé comme une entreprise, vous ne voulez pas faire de profit et que vos organisations sont juridiquement classées comme des organisations à but non lucratif, en raison des différents outils offerts par la plate-forme et de l'avantage supplémentaire d'avoir une image de marque pour votre organisation aux yeux du public, vous devriez envisager de créer un compte professionnel Whatsapp.

Chapitre 11 Références

Bref historique de WhatsApp

https://www.businessofapps.com/data/whatsapp-
statistics/

Statistiques utilisateur Whatsapp

https://www.digitalinformationworld.com/2019/02/w
hatsapp-facts-stats.html

Application professionnelle Whatsapp

https://blog.whatsapp.com/10000637/Introducing-
the-WhatsApp-Business-App

CHAPTER 12

GÉRER VOS PLATEFORMES DE MÉDIAS SOCIAUX

1 **Stratégie relative aux médias sociaux: de quoi s'agit-il?**

2 **Audit des médias sociaux**

3 **Effets de la stratégie de médias sociaux sur les médias sociaux du ministère**

4 **Objectifs intelligents**

5 **Comment développer une stratégie de médias sociaux**

6 **Calendrier éditorial**

7 **Applications de gestion des médias sociaux**

1. STRATÉGIE DE MÉDIAS SOCIAUX - QU'EST-CE QUE C'EST?

La stratégie des médias sociaux est très importante pour votre réussite en ligne en tant que ministère. Je vais donc passer un peu de temps sur ce sujet pour vous donner quelques informations à ce sujet.

Une stratégie de médias sociaux est simplement ce **que vous comptez faire et que vous espérez réaliser pour votre ministère en utilisant les réseaux sociaux**. Il s'agit d'un plan détaillé qui répond au quoi, quand, comment et pourquoi pour tout le contenu que vous allez publier sur vos pages de médias sociaux.

La stratégie des médias sociaux ne consiste pas seulement à publier des nouvelles de l'église et des tweets sur les événements du ministère à venir et à aimer les photos. Il vous faut un plan bien pensé pour ce que vous allez publier et le but que vous souhaitez atteindre.

Une stratégie de marketing des médias sociaux doit être élaborée avant de commencer à utiliser les médias sociaux. C'est comme le plan architectural d'un bâtiment avant le début des travaux.

Pour qui de vous, qui a l'intention de construire une tour, ne s'assoit pas en premier, et en compte le coût, s'il en a assez pour l'achever? **Luc 14: 28**

La stratégie de médias sociaux est un plan de ce que vous avez l'intention de faire sur les médias sociaux. Il encapsule vos idées et montre votre objectif, et définit le chemin vers un objectif que vous souhaitez atteindre pour réaliser votre vision.

Notez la vision et expliquez-la. **Habakuk 2: 2.**

Avoir une stratégie de médias sociaux implique de définir des objectifs différents pour chacun de vos comptes de médias sociaux et de définir la manière dont vous souhaitez les utiliser efficacement pour développer votre audience dans un avenir proche.

Une partie de la stratégie de médias sociaux consiste à déterminer les outils dont vous aurez besoin pour atteindre le point de succès souhaité pour chaque plate-forme de médias sociaux dans laquelle vous souhaitez vous engager. Une stratégie de médias sociaux spécifique vous donnera des résultats plus efficaces.

2. AUDIT DES MÉDIAS SOCIAUX

Avant de rédiger une stratégie pour les médias sociaux de votre ministère, vous devez d'abord effectuer ce que l'on appelle un audit des médias sociaux.

Un audit des médias sociaux est un exercice préliminaire important pour la création d'une stratégie de médias sociaux pour votre ministère / église que vous devez effectuer pour connaître votre présence sur différentes plates-formes de médias sociaux.

En effectuant cet exercice, vous pourrez voir l'état actuel des activités des médias sociaux de votre ministère / église et voir comment le public voit actuellement votre ministère / église.

Lorsque Jésus entra sur les côtes de Césarée de Philippe, il demanda à ses disciples: Qui dit-on, que suis le Fils de l'homme? **Matt 16:13**

En menant un audit des médias sociaux, vous dressez une liste des différentes plateformes de médias sociaux sur lesquelles vous souhaitez que votre ministère/église organise des activités. Vous accédez ensuite à ces plateformes en ligne et faites une recherche pour vérifier et enregistrer tout type d'activité que votre ministère/église exerce actuellement sur ces plateformes (le cas échéant).

Ensuite, vous examinez les résultats de l'audit et déterminez les comptes existants sur les différentes plates-formes de médias sociaux que vous devrez fermer et les plates-formes sur lesquelles vous ne possédez pas (et que vous devez avoir) pour lesquelles vous devez configurer de nouveaux comptes. votre ministère.

3. EFFETS DE LA STRATÉGIE DE MÉDIAS SOCIAUX SUR LES RÉSULTATS DES MÉDIAS SOCIAUX DU MINISTÈRE

Comment la stratégie de médias sociaux affecte-t-elle les résultats des activités de votre ministère sur les médias sociaux?

Une stratégie est un élément clé de l'impact que vous allez avoir sur vos suiveurs. Vous devez comprendre le public qui lira vos messages et ce qu'ils recherchent.

Vous devez vous aligner sur votre vision des médias sociaux pour savoir comment attirer des personnes qui liront vos publications sur les médias sociaux pour suivre votre ministère/église.

Laissez votre lumière si brillante devant les hommes, afin qu'ils puissent voir vos bonnes œuvres et glorifier votre Père qui est dans les cieux - **Matt 5:16**

Voici quelques questions que vous devez prendre en compte lorsque vous élaborez une stratégie sur les médias sociaux pour votre ministère/église.

- Qui est votre public?
- Comment voulez-vous que votre ministère soit perçu?
- Quel type de contenu allez-vous partager?
- Quelles plateformes sociales allez-vous utiliser?
- Quels sont les objectifs ou résultats que vous souhaitez atteindre?

Vous pouvez avoir différents objectifs de médias sociaux pour différentes plates-formes. Votre objectif de média social pour une plate-forme peut être d'utiliser cette plate-forme pour partager votre ministère / église pour augmenter la sensibilisation sur vos activités de ministère, alors que l'objectif de média social pour une autre plate-forme peut être simplement d'élargir votre réseau de ministères / églises.

Ensuite, vous pouvez avoir pour objectif une autre plate-forme simplement d'aider à connecter votre ministère / église avec plus de personnes.

Vous pouvez créer différentes stratégies pour différentes plates-formes de médias sociaux, en fonction de leur nature.

4. Objectifs intelligents

La première étape pour créer une stratégie gagnante consiste à établir vos objectifs. Sans fixer vos objectifs, vous n'aurez aucun moyen de mesurer votre succès.

L'acronyme SMART signifie les mots suivants dans le cadre d'objectifs SMART. Chacun de vos objectifs devrait être:

- Spécifique
- Mesurable
- Réalisable
- Pertinent
- Limité dans le temps

C'est le S.M.A.R.T. cadre d'objectif. Cela guidera vos actions et veillera à ce qu'elles conduisent à des résultats concrets pour votre église / ministère.

Le S.M.A.R.T. cadre d'objectif

Le cadre d'objectifs S.M.A.R.T consiste essentiellement à

créer des objectifs pertinents et réalisables qui vous aideront à atteindre vos objectifs généraux. Vous trouverez ci-dessous la composition de l'acronyme:

- **Spécifique: soyez clair.** «Augmenter l'engagement» signifie-t-il que vous voulez 100 nouveaux abonnés ou 1 000? Définir des objectifs spécifiques pour les médias sociaux vous aide à suivre les progrès et à mesurer le succès.

- **Mesurable:** chaque objectif nécessite une sorte de métrique. "Augmenter le nombre de membres de l'église" est un excellent concept, mais ce ne sera pas un objectif à moins que vous ne puissiez mesurer cet accroissement.

- **Réalisable**: vos objectifs en matière de médias sociaux doivent absolument vous obliger à vous étirer, mais ils doivent être à votre portée si vous faites le travail requis.

- **Pertinent:** Cela lie votre objectif à des objectifs plus larges. Si votre objectif consiste à augmenter le nombre de «j'aime» Facebook, par exemple, assurez-vous de bien comprendre en quoi cela bénéficiera à la vision du ministère / de l'église ou de la grande commission.

- **En temps opportun**: les dates limites obligent tout le monde à rendre des comptes. Vous pouvez également inclure un calendrier pour la réalisation de vos objectifs afin de savoir quand vérifier votre succès.

5. COMMENT DÉVELOPPER UNE STRATÉGIE DE MÉDIAS SOCIAUX POUR VOTRE MINISTÈRE/ÉGLISE

Vous pouvez suivre ces 7 étapes simples et développer une stratégie de médias sociaux pour votre ministère ou église.

Étape 1: Construisez votre équipe de médias sociaux

Vous devez créer une équipe de médias sociaux pour travailler avec vous sur les médias sociaux de votre ministère. Vous aurez besoin de personnes intéressées à contribuer à la croissance des médias sociaux du ministère.

Si vous avez des gens qui sont déjà habitués à utiliser ces plateformes, ils vous seront d'une grande aide. Les jeunes gens sont également plus énergiques et désireux d'aider le ministère. Par conséquent, adressez-vous également aux jeunes et aux adolescents de votre ministère.

Vous avez besoin de personnes aptes à l'enseignement, prêtes à apprendre de nouvelles méthodes et enthousiastes à l'idée de vous aider à développer votre ministère en ligne.

Étape 2: Écris ta vision Écris ta vision

Pourquoi allez-vous sur les médias sociaux? Quels objectifs essayez-vous d'atteindre sur chaque plate-forme?

Est-ce que vous essayez de faire prendre conscience de votre ministère? Développez votre clientèle Obtenir de nouveaux convertis? Encourager plus de gens dans la foi? Construire des disciples? Expliquez clairement pourquoi vous passez sur les médias sociaux.

Lorsque vous commencerez à comprendre POURQUOI vous allez sur les médias sociaux, cela vous donnera une raison de continuer à être motivé pour cette partie de votre ministère.

Étape 3: Quel est votre public?

Vous devez préciser qui sera votre public. À qui pensez-vous lire vos messages et avec qui les médias sociaux interagiront-ils? Quelle sera leur tranche d'âge anticipée? Cela déterminera les valeurs de leur vie et les défis auxquels ils feront face.

En connaissant votre tranche d'âge, votre ethnie, vos particularités culturelles et les caractéristiques démographiques et psychographiques de votre public, vous pourrez déterminer comment parler à vos publics et sur les plateformes sur lesquelles vous pourrez le mieux communiquer.

Les publics de certaines caractéristiques démographiques et de certains comportements (adolescents, adolescents, jeunes adultes, célibataires, couples nouvellement mariés, nouveaux mères et nouveaux pères, grands-pères et grand-mères, etc.) s'engagent plus facilement sur certaines plateformes que sur d'autres.

Étape 4: Utilisez les plates-formes auxquelles votre public est déjà connecté

Une fois que vous avez identifié le public cible pour lequel vous allez écrire. tout ce que vous avez à faire est de savoir sur quelles plateformes ils utilisent déjà activement.

Mettez-vous sur ces mêmes plates-formes afin de pouvoir facilement dialoguer avec elles. Par exemple, aujourd'hui, beaucoup de pasteurs, ministres, responsables d'églises, églises et ministères ont jugé nécessaire d'ouvrir des comptes sur Facebook, car bon nombre de leurs paroissiens et de leurs fidèles sont déjà activement sur Facebook.

Ouvrir un compte, y maintenir les activités quotidiennes et vous engager dans Face book est donc une évidence pour quiconque au ministère.

Étape 5: Différenciez votre ministère en ligne

Vous devez différencier votre ministère ou votre église en ligne. Chaque ministère ou église a ses propres caractéristiques. Il y a une raison pour laquelle les gens suivent un ministère ou une église et non un autre ministère ou une autre église.

Vous devez vous concentrer sur ce qui vous différencie des autres églises ou ministères. Utilisez les caractéristiques les plus remarquables de votre église ou de votre ministère pour captiver et engager votre public.

Votre stratégie de médias sociaux aura plus de succès si vous utilisez cette caractéristique unique et distinctive que vous avez en tant qu'église ou ministère pour faire appel au cœur de votre public.

Étape 6: Déterminez comment vous mesurerez votre succès.

Une stratégie de médias sociaux est un moniteur à long terme de vos activités sur les médias sociaux. Vous ne pouvez pas voir rapidement les résultats de vos activités avec elle. Le succès dans les médias sociaux ne peut être vu que par la patience et la persévérance.

Mais laissez la patience avoir son travail parfait, afin que vous soyez parfaits et complets, ne voulant rien du tout - **Jacques 1: 4**

Vous devez savoir comment vous allez déterminer si votre présence sur les médias sociaux fait une différence pour votre église / ministère ou non. Déterminez comment vous évaluerez l'efficacité de votre stratégie de médias sociaux. Déterminez comment vous allez mesurer et savoir combien de vos mentions «j'aime» et combien de fois les gens vous consultent sur les différentes plateformes de médias sociaux.

Vous pouvez consulter les différents outils de mesure et d'écoute énumérés dans le chapitre sur la gestion de vos plates-formes de médias sociaux et les essayer pour déterminer ceux qui vous conviennent le mieux.

Étape 7: Créer un plan d'action

Vous devez créer un plan d'action dans le cadre de votre stratégie de médias sociaux pour réguler vos activités sur les médias sociaux.

a. **Plan d'engagement:** Dans votre plan d'action, vous devez indiquer comment vous souhaitez engager votre public. Combien de fois et la fréquence quotidienne, hebdomadaire ou mensuelle

En tant que ministre, vous pouvez publier au moins une ou deux fois par semaine. Un message pour leur rappeler le sermon de dimanche dernier ou faire ressortir quelques points du sermon. L'autre poste pourrait vous donner un aperçu ou un aperçu de votre prochain sermon la semaine prochaine. N'oubliez pas de toujours garder votre public à l'esprit et assurez-vous de ne pas le bombarder de trop de posts.

b. Plan de contenu: Vous devez disposer d'un plan de contenu qui précise le type de contenu que vous allez publier.

c. Calendrier éditorial: Vous devez utiliser un calendrier éditorial pour enregistrer vos activités et les mesures de votre succès sur chaque plate-forme spécifique.

Votre plan d'action pour chaque plate-forme de médias sociaux doit être distinct et indiquer les raisons spécifiques de votre participation à chaque plate-forme, ainsi que les avantages que la participation à chaque plate-forme apporte à votre église ou à votre ministère.

5. CALENDRIER ÉDITORIAL

En planifiant vos publications sur les réseaux sociaux à l'avance, vous aurez toujours un contenu de qualité à partager avec vos abonnés.

Si vous ne prenez pas le temps de planifier votre calendrier de médias sociaux à l'avance, vous constaterez que vous allez rester bloqué et que vous allez devoir vous débrouiller pour trouver quelque chose à partager.

C'est un gros problème car le partage de contenu de qualité sur vos réseaux sociaux est l'une des choses les plus importantes que vous puissiez faire pour engager votre public et attirer de nouveaux abonnés.

Une des choses les plus importantes à faire est de prendre le temps de planifier votre calendrier de contenu sur les réseaux sociaux.

Utiliser Google Agenda

Vous pouvez créer un calendrier éditorial à partir du calendrier Google en ligne. Créez simplement un nouvel agenda Google et nommez-le. Ensuite, vous partagez votre calendrier avec votre équipe de médias sociaux pour l'afficher. Les autres membres de l'équipe peuvent ajouter leurs propres messages et idées au même calendrier.

6. APPLICATIONS DE SURVEILLANCE ET DE GESTION

La gestion de vos plateformes de médias sociaux est toujours un problème auquel vous devez faire face.

Vous pouvez choisir de le faire manuellement et vous pouvez choisir d'utiliser une application de gestion de médias sociaux. Il existe de nombreuses applications de gestion de médias sociaux en ligne que les petites et grandes organisations utilisent. Vous devez les rechercher pour voir ce qui peut vous être utile et peut fonctionner pour votre église ou votre ministère en fonction de votre taille ou de votre taille.

Les applications de gestion des médias sociaux ont le pouvoir de vous aider à porter votre présence et votre activité sur les réseaux sociaux à un tout autre niveau.

Les meilleurs offrent une gamme de solutions qui peuvent vous aider à organiser facilement plusieurs comptes et à partager des informations sur plusieurs réseaux sociaux - sans jamais avoir besoin de publier quoi que ce soit séparément sur vos comptes directement à partir du Web.

Bien que de nombreuses fonctionnalités, dispositions et niveaux de convivialité soient différents dans chaque application Web, ils ont tous tendance à faire le travail plus rapidement et mieux que de le faire manuellement.

Voici 10 des outils de gestion des médias sociaux les plus populaires disponibles aujourd'hui que vous pouvez consulter.

1. **Hoot Suite:**

Site Web officiel: **www.hootsuite.com**

Cette plate-forme est probablement la plus populaire des applications de gestion de médias sociaux, offrant de nombreuses options, paramètres et fonctionnalités dynamiques pour sauvegarder sa réputation. Lorsque vous utilisez cette plate-forme, vous pouvez surveiller et publier sur plusieurs réseaux populaires, notamment les profils personnels et les pages professionnelles de Facebook, Twitter, LinkedIn et autres.

La plate-forme dispose d'un système d'analyse personnalisé intégré et permet de surveiller les mots clés sélectionnés et de planifier des publications de manière pratique.

2. **Tweet Deck:**

Site Web officiel: **www.tweetdeck.com**

Cette plate-forme est une autre application Web populaire pour la gestion des médias sociaux. Contrairement à Hoot Suite, qui fonctionne dans votre navigateur Internet, Tweet Deck peut être installé en tant que programme séparé sur votre disque dur en tant qu'application de bureau.

Il a également des applications pour le navigateur iPhone, Android et Chrome. Sur TweetDeck, vous pouvez regarder vos mises à jour en temps réel lorsque vous vous connectez avec Twitter, Facebook, MySpace, LinkedIn, Foursquare, Google Buzz et plus encore.

3. **Seesmic**:

Site Web officiel: **www.seesmic.com**

Cette plate-forme comme Tweetdeck intègre des applications pour pratiquement toutes les grandes plates-formes, tant mobiles que Web. Les flux de vos réseaux peuvent être traités et visualisés dans une interface semblable à une plate-forme de messagerie classique.

Cette plateforme permet la gestion des médias sociaux pour les sites majeurs tels que Facebook, Twitter et LinkedIn et offre plus de 90 options d'intégration tierces.

4. SocialOomph:

Site Web officiel: **www.socialoomph.com**

Cette plate-forme possède une liste complète de fonctionnalités qui la distingue des autres applications de gestion de médias sociaux. Cela peut vous aider à garder un œil sur vos comptes Facebook et Twitter, ainsi qu'à gérer et à planifier des publications sur votre blog.

SocialOomph offre des services gratuits et premium. Vous pouvez planifier vos tweets, suivre vos mots-clés, promouvoir vos profils, raccourcir les URL, purger votre boîte de réception de messages directe et créer un nombre illimité de comptes de profil entièrement gratuit.

5. CoTweet: Site Web officiel: **www.cotweet.com**

Avant HootSuite, CoTweet était devenu populaire. Cotweet était auparavant l'application de gestion des médias sociaux de choix. Cette plate-forme était la plate-forme privilégiée, en particulier pour les profils d'entreprise et les petites entreprises. Les informations de profil utilisateur et les discussions en fil de discussion se trouvent dans la barre latérale droite avec la possibilité d'ajouter des notes aux conversations.

Vous pouvez les ajouter aux listes et voir leur influence générale sur les médias sociaux grâce à l'intégration de Klout. Avec CoTweet, vous pouvez suivre et analyser toutes les conversations sur les plateformes sociales Facebook et Twitter.

6. IFTTT: Site officiel: **https://ifttt.com/**

Cette plate-forme signifie If This Then That. C'est un

outil qui vous permet de créer vos propres actions automatisées, appelées "recettes", afin que vous n'ayez pas à les faire vous-même. Par exemple, si vous souhaitez que toutes vos photos Instagram soient automatiquement enregistrées dans un dossier public de votre compte Dropbox, vous pouvez le faire en créant une recette avec IFTTT afin que vous n'ayez jamais à le faire manuellement. Il n'y a pas de limite au nombre de recettes que vous pouvez créer, et cela fonctionne avec presque tous les sites sociaux populaires.

7. TwitterFeed: Site officiel: **www.twitterfeed.co**

TwitterFeed s'adresse à plus que votre compte Twitter, malgré son nom. Si vous avez un blog sur votre site Web, ce sera une plate-forme utile pour vous, car les webmasters et les blogueurs peuvent facilement mettre à jour leurs comptes de médias sociaux avec de nouveaux messages RSS en intégrant TwitterFeed à leurs comptes sociaux.

Les flux RSS peuvent être connectés à Twitter, Facebook, LinkedIn, StatusNet et HelloTxt pour une mise à jour automatique. Les articles de blog récemment publiés sont extraits du flux et leurs liens sont postés sur vos comptes.

8. SpedFast: Site Web officiel: **www.spedfast.com**

Cette plate-forme vous sera utile si vous êtes particulièrement intéressé par la mesure des analyses. SpredFast est l'outil qui excelle dans l'intégration des fonctionnalités de données. Vous pouvez utiliser cette plate-forme pour gérer et mesurer les données collectées sur Facebook, Twitter, YouTube et Flickr afin de connaître le nombre de personnes que vous atteignez et de déterminer si votre public cible est concerné par votre contenu.

Les données sont présentées sous forme de graphiques formatés, que vous pouvez utiliser pour comparer et comparer les campagnes à d'autres stratégies. Avec SpredFast, les possibilités d'analyse sont pratiquement illimitées.

9. Buffer: Site officiel: **www.bufferapp.com**

Buffer est un excellent outil pour programmer des tweets. Il vous aide à planifier un calendrier qui aide à optimiser les mises à jour Twitter en les planifiant et en les répartissant tout au long de la journée.

Un problème courant pour les utilisateurs de médias sociaux est la surcharge d'informations. Vous pouvez trouver huit éléments de contenu différents que vous souhaitez partager avec vos abonnés Twitter en quelques minutes, mais les publier tous en même temps peut inonder leurs flux en un court laps de temps. Ainsi, vous pouvez les espacer en utilisant cette application.

La mémoire tampon est cependant limitée à l'intégration aux pages Facebook, Twitter et Google+.

10. SocialFlow: Site officiel **www.socialflow.com**

SocialFlow est très similaire à Buffer en ce sens qu'il est utilisé uniquement pour programmer des tweets sur Twitter. SocialFlow utilise son propre algorithme d'optimisation unique qui utilise vos données Twitter pour classer et envoyer vos tweets en temps réel en fonction du moment où vos abonnés sont les plus réceptifs et les plus actifs sur Twitter.

En d'autres termes, SocialFlow vous aide à faire passer votre message devant les yeux humains les plus réels, au meilleur moment possible.

Quel que soit le style de gestion que vous adoptiez, votre objectif ultime est d'atteindre vos suiveurs sur toutes vos plateformes sur une base cohérente avec la parole de Dieu.

Alors la foi vient en entendant, et en entendant par la parole de Dieu. **Rom 10:17**

NOTE FINALE:

AUX PASTEURS ET AUX RESPONSABLES D'ÉGLISE

1   **Vision du leadership**

2   **Equipements**

3   **Conférences et formations**

4   **Réunions de presse de l'église**

5   **S.M.A.R.T. GOALS - Calendrier éditorial**

6   **Pasteur et gestionnaire de réseaux sociaux**

7   **Fonctions du pasteur dans les médias sociaux:**

8   **Livres d'information**

Je ne peux pas fermer ce livre sans écrire un message direct aux ministres, pasteurs et dirigeants d'église

Vision du leadership: l'onction coule de la tête à toutes les autres parties du corps et, en tant que telle, la direction de l'église doit non seulement se familiariser avec le nouveau mouvement technologique, mais aussi l'accepter et encourager les membres du personnel religieux, les bénévoles et même les membres à l'employer peut avancer ensemble.

Il est très important pour vous, en tant que pasteur ou dirigeant de ministère, de commencer à adopter la technologie et les médias sociaux afin de l'utiliser pour l'extension du royaume de Dieu.

Je suis fermement convaincu qu'il existe une stratégie pour que chaque génération réalise le mandat du royaume. Comme les fils d'Issachar, l'église devrait commencer à comprendre que la stratégie pour diffuser l'évangile de Jésus dans le monde entier consiste à embrasser et à apprendre à utiliser efficacement les dernières technologies et les médias sociaux pour une expansion mondiale.

Equipements: Le département des médias est le département le plus cher de toute église, car il couvre les différents aspects de l'audio, de la vidéo, des publications, du département de production, de la publicité et des médias sociaux. L'achat de caméras vidéo, de suites de montage, de tables de son, de mixeurs audio et vidéo, de microphones et même de matériel d'impression représente une part importante du budget de l'église.

Il est donc important pour nous d'avoir des pasteurs qui comprennent la nécessité pour le département des médias d'acheter certains de ces matériaux coûteux pour obtenir la meilleure production possible afin de mettre en valeur l'église.

Une bonne production du service des médias est essentielle pour les médias sociaux, car nos abonnés et les autres personnes en ligne ont besoin d'un bon son pour entendre les sermons que nous téléchargeons et d'une bonne production vidéo pour regarder nos vidéos. Il n'y a rien de plus rebutant que de regarder un sermon avec une mauvaise production audio et vidéo

Lorsque les pasteurs et les responsables d'église comprennent l'impact d'une bonne production sur nos médias sociaux et notre succès en ligne, nos ministères et nos églises seront en mesure de mieux s'engager auprès du grand public.

Conférences et formations: Les pasteurs et les responsables d'église doivent encourager la formation continue des membres de leur équipe média ainsi que participer à des conférences et formations. Chaque jour, la technologie change et de plus en plus de machines et de matériaux de pointe sont introduits sur le marché.

Les pasteurs et les chefs d'équipe des médias doivent former les personnes qui travaillent dans les médias de l'église/du ministère pour les mettre à jour avec les logiciels, produits et équipements de pointe, et surtout dispenser des formations régulières pour apprendre à utiliser efficacement les médias sociaux pour promouvoir l'église ou le ministère. cela facilitera leur travail et les rendra efficaces,

Les pasteurs et les dirigeants eux-mêmes devraient également être prêts à apprendre à utiliser les technologies de pointe et les nouveaux développements en matière d'utilisation des médias sociaux afin de pouvoir être informés des évolutions de la technologie, même s'ils ne gèrent pas le fonctionnement quotidien des médias sociaux et d'autres détails. .

Réunions avec les médias de l'église: les pasteurs et les responsables d'église doivent prendre le temps de planifier et d'assister à des réunions hebdomadaires, mensuelles ou trimestrielles avec les responsables de leur équipe des médias et leurs employés pour définir la stratégie de l'église en enregistrant des sermons, en gérant les stratégies de médias sociaux, etc.

INTELLIGENT. OBJECTIFS - **Calendrier éditorial**: Les pasteurs et les responsables d'église doivent encourager l'équipe des médias à avoir S.M.A.R.T. objectifs pour chaque plate-forme de médias sociaux. Ils doivent insister pour qu'ils créent un calendrier éditorial afin de respecter leurs objectifs mensuels, trimestriels et annuels, en fonction de l'utilisation de chacune des plateformes de médias sociaux qu'ils ont décidé d'utiliser.

Ils doivent pouvoir obtenir un rapport sur l'impact de leurs activités sur leurs téléspectateurs et sur le type d'impact avec lequel ils souhaitent avoir un impact. Des délais et des objectifs doivent être définis et convenus pour chaque plate-forme de médias sociaux.

Pasteur et gestionnaire de réseaux sociaux L'image de l'église est très importante. De nos jours, les grandes églises qui ont expérimenté le pouvoir des médias sociaux au sein de leur ministère se félicitent de la nomination d'un pasteur qui sera responsable de leurs médias sociaux et de leurs campus en ligne.

La tendance principale à la hausse est que le pasteur des médias sociaux peut attirer l'attention sur la présence et l'image en ligne de l'église et coordonner toutes les plateformes de médias sociaux et l'engagement avec les personnes en ligne.

Les pasteurs et les responsables d'église devraient envisager de nommer un ministre comme pasteur des médias sociaux pour l'église.

Fonctions des pasteurs dans les médias sociaux: l'objectif principal de ce ministre serait de promouvoir le ministère en ligne de l'église.

Le pasteur des médias sociaux sera le ministre auquel les membres de l'équipe des médias chargés de la maintenance des différentes plateformes de médias sociaux de l'église se tourneront pour obtenir des instructions et de l'aide.

Le ministre conservera un registre de tous les noms d'utilisateur et mots de passe des plateformes de médias sociaux et élaborera la politique relative aux médias sociaux pour l'église. Le ministre présentera à l'équipe des médias la stratégie des médias sociaux pour l'engagement en ligne.

Leur responsabilité consistera également à coordonner la gestion quotidienne, hebdomadaire, mensuelle et trimestrielle des plates-formes de médias sociaux de l'église, à gérer les dons en ligne et à gérer les situations de crise en ligne.

Le ministre fera rapport au pasteur et au conseil d'administration de l'église et élaborera des stratégies pour promouvoir l'image de l'église en ligne.

Livres d'information: Les pasteurs et les responsables d'église devraient acheter et encourager leurs membres à acheter des livres et du matériel pédagogiques qui permettront de mieux comprendre comment utiliser les médias sociaux pour diffuser l'évangile en cette fin des temps.

Beaucoup d'inventions spirituelles sont en train de naître et l'église doit être prête à être à la pointe de la technologie pour pouvoir apprendre à utiliser les bienfaits comme outils pour atteindre davantage de gens avec l'évangile.

L'église doit embrasser le pouvoir des plateformes de

médias sociaux et les utiliser au maximum pour répandre l'évangile.

Nous devons tout faire et utiliser toutes les ressources disponibles pour répandre la bonne nouvelle du salut en Jésus-Christ jusqu'à ce que les royaumes de ce monde deviennent pleinement les royaumes de notre Seigneur Jésus-Christ.

Maranatha!
Going Global est aussi simple que 1, 2, 3!

Abiola Fashina Esq

A PROPOS DE L'AUTEUR

Profil de Abiola Fashina Esq.

Abiola Fashina Esq. est PDG d'une organisation à but non lucratif : MyFaithTVNetwork international Inc., basée à Atlanta-Gorgie aux États-Unis, qui exploite une chaîne de télévision confessionnelle diffusée en ligne 24h/ 7j.- www.myfaithtvnetwork.com

Abiola Fashina Esq. est une coach en télévision, médias sociaux et en affaires. Avocate, entrepreneuse, éditrice de magazines, de livres, consultante en marketing international en médias sociaux, organisatrice et facilitatrice de conférences internationales. Les différents types de formations qu'elle organise peuvent être consultées sur son site web www.abiolafashina.com.

Abiola Fashina Esq. organise plusieurs CONFÉRENCES GO GLOBAL périodiquement et sur demande chaque année dans tous les USA et aussi dans différents pays dans des continents à travers le monde. Au cours de ces conférences et ateliers, de différentes formations sont également données et suivies par un grand nombre de grands dirigeants d'entreprises, des chefs de services, d'entrepreneurs, des leaders de compagnies, des Pasteurs, des ministres et opérateurs d'organisations à but non lucratif www.goglobalconferences.com

Evang Bibi est également un formateur très demandé et un conférencier international

«Il existe une stratégie pour chaque génération afin de remplir le mandat du royaume. Comme les fils d'Issacar, l'église devrait commencer à comprendre que la stratégie pour diffuser l'évangile de Jésus dans

le monde entier consiste à embrasser et à apprendre à utiliser efficacement les dernières technologies et les médias sociaux pour une expansion mondiale »-

Évangéliste Bibi
Pour demander à l'évangéliste Bibi de prendre la parole lors de votre conférence / église / réunion

Contactez nous
Abiola Fashina Esq
Email: abiolafashinaspeaks@gmail.com
Website: www.abiolafashina.com

MyFaithTVNetwork International Inc
Publication Department

Website:www.myfaithtvnetwork.com
Email:info@myfaithtvnetwork.com

2860 Storybook lane Grayson Ga 30017
Tel: 678 886 5117, 678 667 1550

À PROPOS DE GO GLOBAL TRAINING BOOKS

Les livres de formation de Go Global sont destinés à former le lecteur sur les techniques de marketing de son entreprise ou de son organisation en utilisant les médias sociaux et les dernières informations de pointe en marketing numérique pour une expansion mondiale.

1. La chaîne YouTube de votre église

2. La chaîne YouTube de votre entreprise

3. Livre de base sur les affaires

4. Le marketing des médias sociaux simplifié

5. Trouver Facebook

6. Le secret pour gagner de l'argent sur Facebook

7. Devenir un gestionnaire de médias sociaux

8. Démarrer votre propre entreprise de médias sociaux

9. Gagnez de l'argent en gérant les médias sociaux pour les célébrités

10. Domination des médias sociaux

11. Guide des médias sociaux

12. La politique au Nigéria et les médias sociaux (3 parts-1,2 & 3)

13. Guide des médias sociaux pour le ministère et l'évangélisation mondiale (en anglais, français et espagnol)

À PROPOS DE GO GLOBAL CONFERENCES & WORKSHOPS

GO GLOBAL VISION POUR LES MINISTRES, PASTOR ET LEADERS

Pour de nombreux responsables d'église, l'idée d'utiliser les médias sociaux est écrasante. Pratiquement tous les dirigeants d'église savent que nous vivons à l'ère d'Internet et réalisent intuitivement que les médias sociaux offrent un potentiel considérable pour la promotion de la cause du Christ. Malheureusement, beaucoup de ces dirigeants n'ont pas intégré d'effort de médias sociaux cohérent dans le ministère de leur église locale.

C'est le mandat des conférences et ateliers GO GLOBAL.

Sensibiliser l'église qui, à l'instar des fils d'Issachar, a pour stratégie d'apprendre à utiliser ce média pour diffuser davantage l'Évangile en vue d'une expansion mondiale.

Pourquoi? - La peur de l'inconnu est la principale raison pour laquelle certains dirigeants n'acceptent pas les médias sociaux. Après tout, les médias sociaux sont énormes! Une personne qui n'est pas active dans le monde des médias sociaux peut être facilement dépassée par sa taille et sa complexité. Où commence-t-on même?

C'est mission pour les conférences et ateliers GO GLOBAL-

Former l'église à l'utilisation des dernières technologies, de la télévision et des médias sociaux pour l'expansion du royaume

Pourquoi? –Dieu est un Dieu du peuple. Il a tellement aimé le monde qu'il a donné son fils unique, Jésus-Christ, pour que nous ne périssions pas mais que nous ayons la vie éternelle. Lorsque notre Seigneur Jésus-Christ était sur terre, il se rendait toujours là où les gens pouvaient entendre l'évangile. En partant, il a confié à l'église le mandat global, dans Actes 1: 8, de porter l'évangile au plus profond de la terre.

L'église peut s'acquitter de ce mandat mondial plus efficacement avec les médias sociaux, car les gens le sont aujourd'hui. Les médias sociaux sont massifs à tous les niveaux. On compte aujourd'hui 2.3 milliards d'utilisateurs actifs sur Facebook, plus d'un milliard d'utilisateurs quotidiens et plus de 400 millions d'utilisateurs actifs de Twitter, ce qui ne représente que trois des centaines de sites de médias sociaux. La bonne nouvelle est que les médias sociaux ne doivent pas nécessairement être aussi intimidants si nous les abordons avec sagesse.

GO GLOBAL CONFERENCES & STRATEGIC WORKSHOPS organisent des conférences sur le leadership pour inspirer les pasteurs, leaders et ministres, ainsi que des formations stratégiques sur l'utilisation de la télévision et des médias sociaux, telles que Google plus, YouTube, Facebook, Twitter et Instagram, et présentent chaque église ou un ministère de manière très simple sur la façon dont ils peuvent utiliser la télévision et les médias sociaux pour eux-mêmes jusqu'à ce qu'ils puissent éventuellement développer et mettre en œuvre une stratégie de médias sociaux pour leur église ou leur ministère et être implantés localement puis diffusés dans le monde entier pour atteindre plus de personnes avec le gospel.

Les ateliers sont des formations plus approfondies qui visent spécifiquement à former les pasteurs, les travailleurs d'église et les bénévoles suffisamment habiles pour gérer en toute confiance les plates-formes de leurs églises et très familiers avec chacun de ces supports et supports. Les ateliers se concentrent sur la formation de chaque église ou ministère sur les besoins de chaque église et ministère.

Pour plus d'informations sur la prochaine conférence OU pour planifier la participation à un prochain atelier OU pour une demande de formation spécifique pour votre église ou votre équipe des médias, veuillez nous contacter:

www.myfaithtvnetwork.com
«Diffuser l'Évangile de Jésus-Christ dans le monde entier»
www.goglobalconferences.com
"Être plantés localement et répartis dans le monde entier"

À PROPOS DE MYFAITHTVNETWORK INTERNATIONAL INC.

MyFaithTVNetwork International Inc. est une organisation à but non lucratif basée à Atlanta aux États-Unis. Depuis sa création en 2010, l'Organisation dirige une chaîne de télévision en ligne qui présente des sermons aux pasteurs et différents programmes éducatifs édifiants, édifiants et inspirants. L'organisation aide et enseigne également aux églises et aux ministères comment gérer leurs propres canaux YOUTUBE sous leurs propres noms d'église.

MyFaithTVNetwork International Inc. est l'une des premières stations détenues par des Africains depuis juin 2014 à diffuser tout son contenu LIVE en direct dans le monde entier sur la dernière technologie de Google TV, qui peut être visionnée partout dans le monde à toute heure de la journée. Google Play Store à télécharger que les gens peuvent regarder depuis leurs tablettes, ordinateurs, téléviseurs intelligents et téléphones portables.

La station publie des livres, des magazines et du matériel pédagogiques et aide également les pasteurs et les ministres à accéder à un public international et à percevoir des redevances résiduelles en transformant leurs livres imprimés en livres électroniques et en les rendant accessibles dans le monde entier sur Amazon.com et via Apple, des iPads, des téléphones et des librairies. 55 pays et 200 000 librairies dans le monde.

MyFaithTVNetwork International Inc
2860 Voie de livre d'histoire Grayson Ga 30017
Site web: www.myfaithtvnetwork.com
Email: info@myfaithtvnetwork.com
Tél: 678 886 5117, 678 667 1550

À PROPOS DU LIVRE

Le guide des médias sociaux pour le ministère et l'évangélisation globale, est un livre pour Pasteurs, leaders, membres d'équipe de médias et toute personne qui désirent apprendre sur comment utiliser effectivement les médias sociaux pour le ministère et l'évangélisation mondiale.

En utilisant des références bibliques, le livre montre pourquoi les médias sociaux sont des outils de communications dynamiques que l'Église doit utiliser pour aborder le monde et accomplir son mandat globale en répendant l'évangile jusqu'aux extrémités de la terre.

Pour ceux qui l'utilisent pour la première fois, le livre partage des points (des conseils), sur certaines plateformes de médias sociaux clefs, comment ouvrir de compte sur elles, utilisés et les gérer effectivement.

Pour les utilisateurs avisés, le livre montre des conseils sur comment aborder avec ceux qui les suivent et faire croître leur mouvement sur ces plateformes de médias sociaux et atteindre différentes parties du monde.

L' Évangile est imtemporel et immuable, mais les méthodes de sa transmissions évoluent constamment et les stratégies de

L' Église doit apprendre à livrer l'Évangile aux gens de cette génération en les abordant de la manière dont ils comprennent et par les moyens qu'ils utilisent actuellement.

Les médias sociaux sont la stratégie du 21 ème siècle pour le ministère de l' Église et l'évangélisation mondiale.

PROFIL DE ABIOLA FASHINA ESQ.

Abiola Fashina Esq. est PDG d'une organisation à but non lucratif : MyFaithTVNetwork international Inc., basée à Atlanta-Gorgie aux États-Unis, qui exploite une chaîne de télévision confessionnelle diffusée en ligne 24h/ 7j.- **www.myfaithtvnetwork.com**

Abiola Fashina Esq. est une coach en télévision, médias sociaux et en affaires. Avocate, entrepreneuse, éditrice de magazines, de livres, consultante en marketing international en médias sociaux, organisatrice et facilitatrice de conférences internationales. Les différents types de formations qu'elle organise peuvent être consultées sur son site web **www.abiolafashina.com**.

Abiola Fashina Esq. organise plusieurs CONFÉRENCES GO GLOBAL périodiquement et sur demande chaque année dans tous les USA et aussi dans différents pays dans des continents à travers le monde. Au cours de ces conférences et ateliers, de différentes formations sont également données et suivies par un grand nombre de grands dirigeants d'entreprises, des chefs de services, d'entrepreneurs, des leaders de compagnies, des Pasteurs, des ministres et opérateurs d'organisations à but non lucratif.
www.goglobalconferences.com

ISBN: 9789783085923